# This is
# Pollock

**디스 이즈 폴록**

**초판 1쇄 인쇄** 2014년 10월 20일
**초판 1쇄 발행** 2014년 10월 30일

**지은이** 캐서린 잉그램
**일러스트레이션** 피터 아클
**옮긴이** 유지연
**펴낸이** 김지훈
**펴낸곳** 도서출판 어젠다

**출판등록** 2012년 2월 9일 (제406-2012-000007호)
**주 소** 경기도 파주시 광인사길 217(파주출판도시)
**전 화** (031)955-5897 | 팩스 (031)945-8460
**이메일** agendabooks@naver.com



ISBN 978-89-97712-17-5 03600
이 도서의 국립중앙도서관 출판시도서목록(CIP)은 e-CIP홈페이지(http://www.nl.go.kr/ecip)와
국가자료공동목록시스템(http://www.nl.go.kr/kolisnet)에서 이용하실 수 있습니다.(CIP제어번호: CIP2014028018)

# This is Pollock

## 디스 이즈 폴록

글 **캐서린 잉그램**Catherine Ingram
일러스트레이션 **피터 아클**Peter Arkle
옮김 **유지연**

AgendA

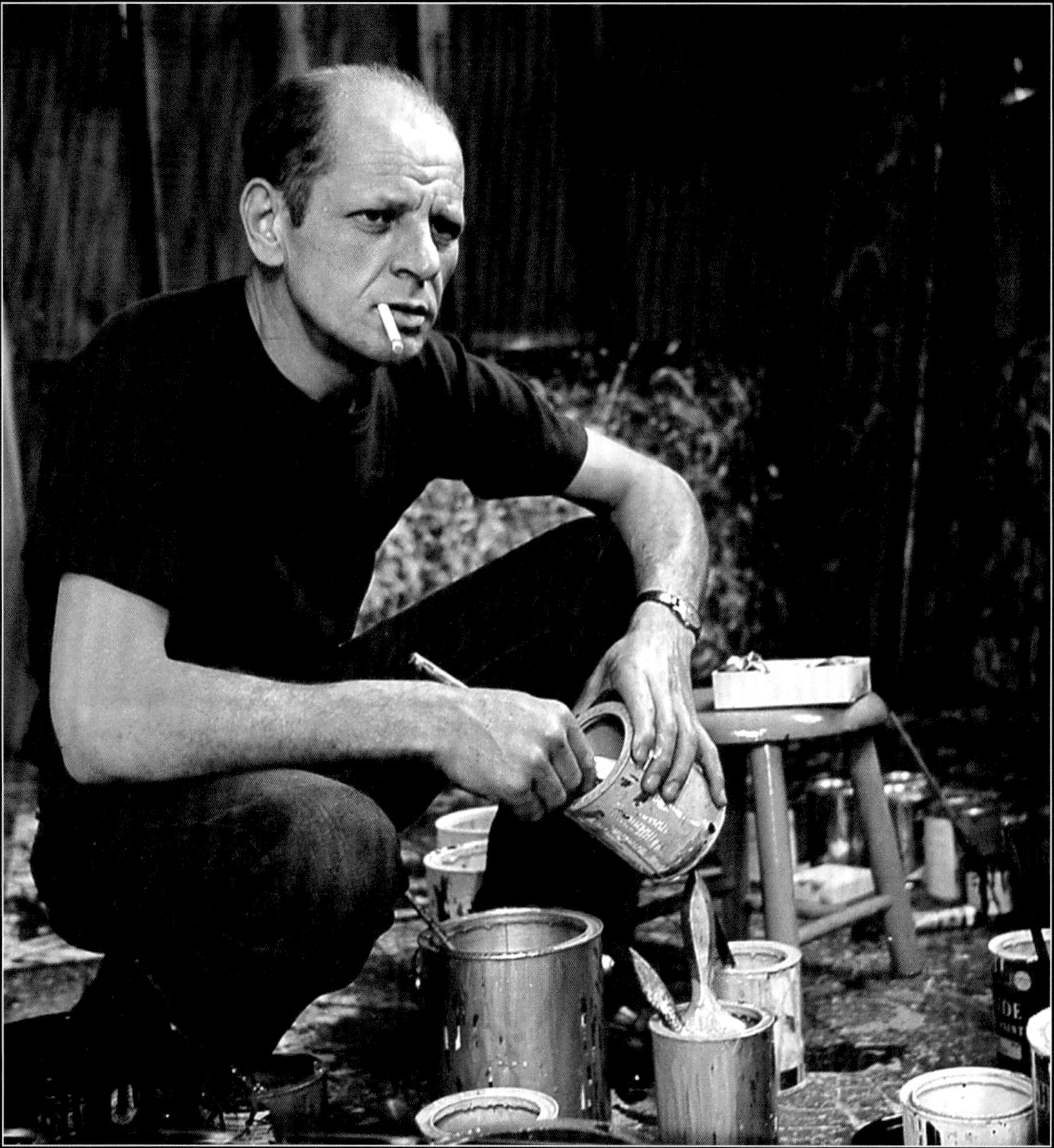

자기 화실에 있는 잭슨 폴록, 1950.
루디 부르크하르트 사진.

잭슨 폴록은 친구인 빌렘 데 쿠닝Willem de Kooning의 표현에 따르면 '주유소에서 기름 넣는 종업원'처럼 생겼다. 폴록은 상대방과 눈을 똑바로 마주치지 않고 멍하니 바라본다. 쉽게 격해지는 성격이었던 그는 다른 사람과 함께 있는 것을 몹시 불편해 했고, 그러다보니 남과 대화를 나눈다는 건 거의 고문이나 마찬가지였다. 사람들은 그를 경계했다. 만취해 있을 때가 많은 그였지만 이런 상황을 해결하는 데는 도움이 되질 않았다.

폴록이 부린 주사酒邪는 그를 둘러싼 강력한 신화를 부채질했다. 이 화가는 무모한 카우보이 같은 인물로 그려졌다. 즉 비트 세대의 원형으로서 말이다. 살아 있는 내내 부루퉁한 얼굴을 한 그의 사진들이 온갖 미국 잡지들을 뒤덮었다. 폴록은 이런 대외적 이미지를 못마땅해 했으면서도 나쁜 짓을 자꾸 더 해서 자기에 대한 신화를 양산하는 호사가들을 꾸준히 만족시켰다.

폴록의 경력은 이런 악동 전설과 분리해서 이해해야 할 필요가 있다. 그를 대표하는 드립 페인팅drip painting* 기법으로 그린 그림들은 술을 끊고 롱 아일랜드 교외에서 아내와 지극히 평범한 생활을 영위하던 시기에 나왔으니 말이다. 여기 보이는 사진은 자기 화실에 있는 폴록을 담고 있다. 쭈그리고 앉은 폴록은 통에 든 물감을 천천히 섞으면서 작업을 시작할 준비를 하고 있다. 폴록은 그림을 그릴 때 대단한 집중력을 발휘했다. 뻣뻣하고 어색해 보이기만 하던 사람이 우아하게 움직이면서 섬세하고 유려한 미술 작품들을 창조해내곤 했다.

* 물감을 흘리거나 튀겨서 표현하는 액션 페인팅의 일종

1871년에 시인 월트 휘트먼Walt Whitman은 이렇게 선언했다. "미국은 그 자신처럼 대담하고 현대적이고 포괄적이고 광대무변한 시詩가 필요하다." 폴록의 기념비적인 드립 페인팅은 어떤 독특한 미국적 비전을 드러낸다. 60년이 흐른 지금까지도 폴록의 작품들은 대담하고 현대적으로 보인다.

## 불안정한 힘 : 전후 미국

2차 세계대전 말에 미국의 사기는 만신창이가 되어 있었다. 사회 이론가인 드와이트 맥도널드Dwight Macdonald는 이런 반응을 전쟁이 가진 '기만적인 성격fraudulent character' 탓으로 보았다. 즉 미군 병사들은 나치 강제수용소에서 극도의 참상을 목격했고, 연합군의 승리는 히로시마와 나가사키 원폭 투하로 무의미해지고 빛이 바랬던 것이다. 미군 비행사들은 히로시마와 나가사키에 각각 리틀 보이Little Boy와 팻 맨Fat Man이라는 암호명을 가진 원자폭탄을 떨어뜨렸고, 이로 인한 방사능으로 두 도시는 20만 명의 민간인이 사망하고 궤멸상태에 이르렀다. 히로시마 원폭 투하 후 귀환하던 부조종사 로버트 루이스는 이렇게 자문했다. "우리는 도대체 무슨 짓을 저지른 것인가?"

그렇게 한창 불안정한 시기에 미국은 갑작스러운 경제 성장을 경험했다. 역사가 해럴드 배터Harold Vatter는 미국 국내 및 해외 시장의 호경기를 이렇게 묘사한다.

> 미국은 소비 사회로서 발전을 지속해나갔다… 미국의 다국적 기업들이 특히 국제경제에 참여하는 폭이 대폭 늘어났다. [그러면서] 자동차, 텔레비전, 가전제품이 공장 생산 라인에서 쏟아져 나왔다.

미국이 새로운 초강대국으로서 이렇게 빠르게 부상한다는 건 그밖에 다른 모든 것도 그런 위상에 부응해야 한다는 의미였다. 즉 미국이라는 용감한 신세계는 응집력 있는 국가 정체성이 필요했다. 정치적 상황에 환멸을 느낀 국민들은 확실한 비전을 가진 개인들에게 기대를 걸었다. 맥도널드 자신부터가 예술가와 지식인이 인류에 대한 신뢰를 되살릴 능력을 갖고 있을 거라는 기대를 품었다.

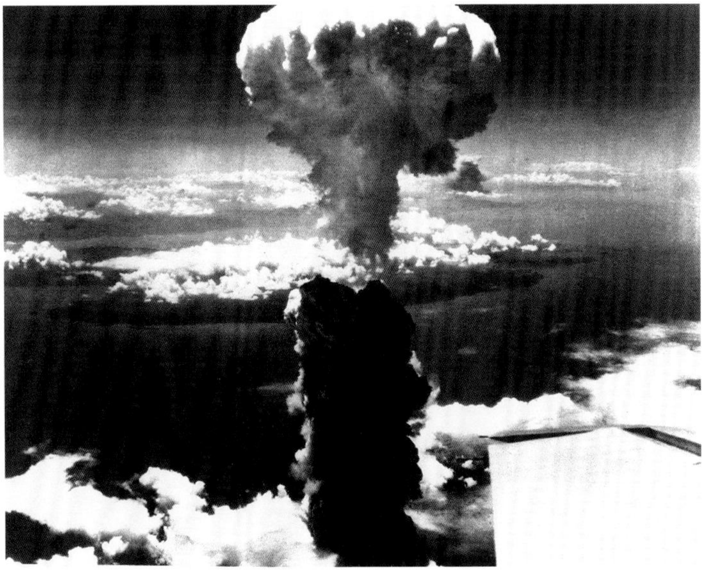

나가사키 원폭 투하,
1945년 8월 9일.
미공군 자료보관소.

## 미국 미술

* 악동. 어떤 분야에서 참신하고 기발한 행동과 발상으로 사람들에게 충격을 안기면서 큰 성공을 거둔 젊은이를 일컫는 표현

미국 미술계는 자신감이 부족했다. 그래서 오랫동안 카멜레온처럼 외부의 영향을 그대로 흡수하는 길을 걸었다. 1930년대 대공황 때 많은 예술가들이 소련에 희망을 걸면서 공산주의 이상을 신봉하는 사회적 리얼리즘Social Realist 미술이 발전했다. 그러나 10년이 흘러 이오시프 스탈린이 실시한 가혹한 정책들과 더불어, 나치 독일과 조약을 맺기로 한 그의 결정이 이런 공산주의 추종자들을 미몽에서 깨어나게 했다.

미술가들은 미국 대통령 프랭클린 D. 루즈벨트의 뉴딜 정책 때문에도 점점 더 좌절감을 느끼고 있었다. 뉴딜 정책이 미국을 경제 불황에서 벗어나게 하려는 원래 의도와 달리 관료주의적 광대놀음으로 변질되어갔던 것이다. 1935년에 공공사업 촉진국Works Progress Administration : WPA 설립 이후, 예술가들은 이곳에 등록만 하면 한 달에 15달러에서 90달러에 이르는 급여를 받을 수 있었다. 공공미술 창출이 이 제도의 목적이었다. 그러나 이 제도 아래 제작된 그림들은 저장고에 쌓여 있다 버려지는 게 일반적인 수순이었다. 1941년에 있었던 한 저장고 정리 과정에서는 650점의 WPA 수채화가 소각 처리되었고, 이 중 12점이 잭슨 폴록의 작품이었다.

그래도 이 시기 뉴욕 미술계에는 신명나는 활기도 존재했다. 미술가 바넷 뉴먼Barnett Newman은 1940년을 '충격적으로 혁명적인 순간'이라 묘사했다. 몇 년 후 추상 표현주의Abstract Expressionism라 알려진 새로운 미술 유파가 등장했고 언론은 잭슨 폴록을 이 유파의 선도자이자 '앙팡 테리블enfant terrible'* 로 꼽았다.

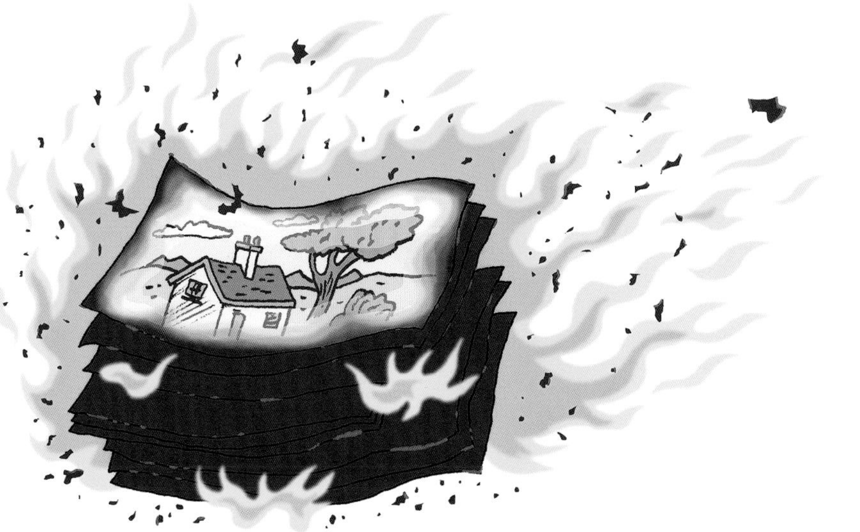

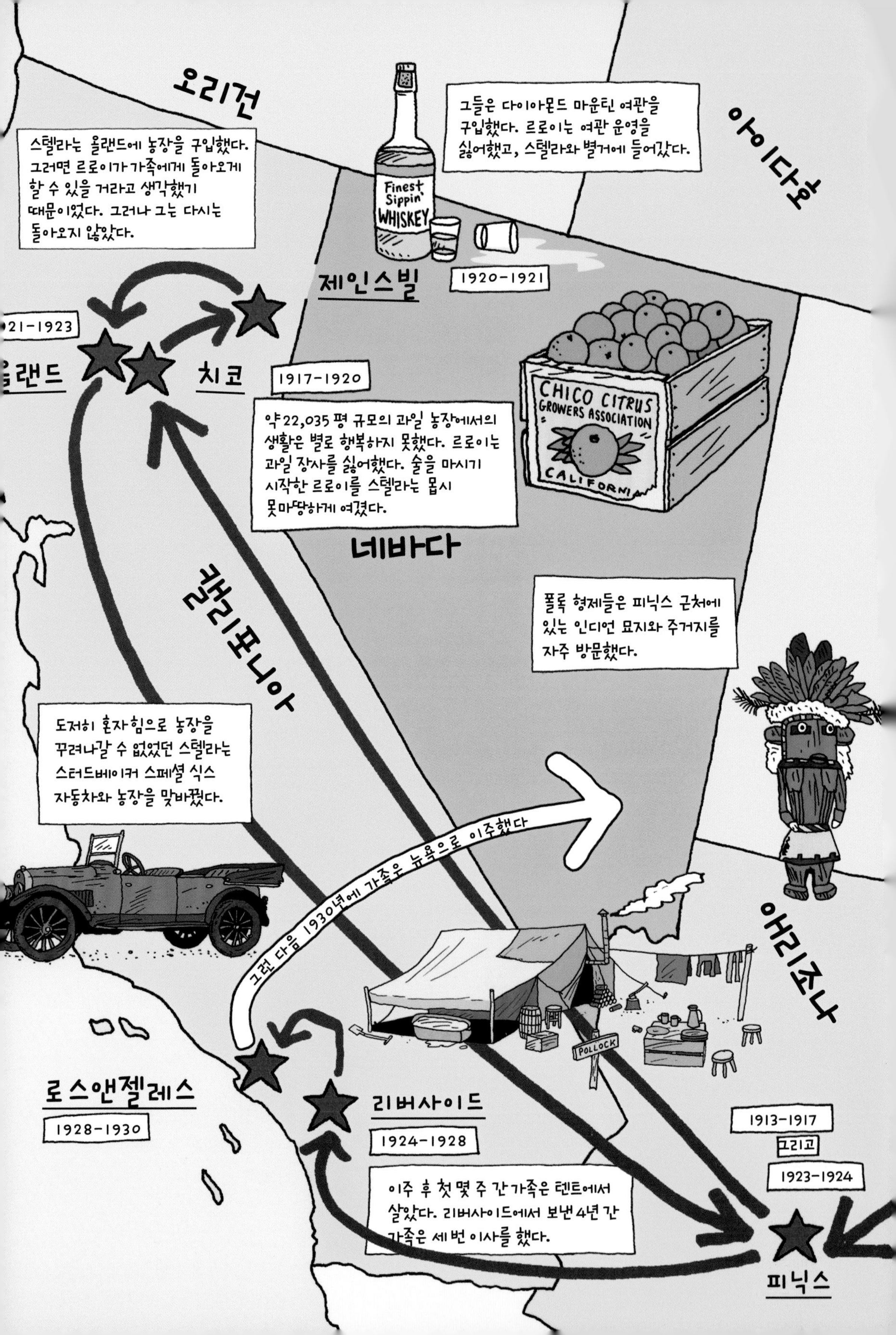
오리건
아이다호
네바다
캘리포니아
애리조나
스텔라는 올랜드에 농장을 구입했다. 그러면 르로이가 가족에게 돌아오게 할 수 있을 거라고 생각했기 때문이었다. 그러나 그는 다시는 돌아오지 않았다.
그들은 다이아몬드 마운틴 여관을 구입했다. 르로이는 여관 운영을 싫어했고, 스텔라와 별거에 들어갔다.
Finest Sippin' WHISKEY
제인스빌
1920-1921
21-1923
올랜드
치코
1917-1920
약 22,035평 규모의 과일 농장에서의 생활은 별로 행복하지 못했다. 르로이는 과일 장사를 싫어했다. 술을 마시기 시작한 르로이를 스텔라는 몹시 못마땅하게 여겼다.
CHICO CITRUS GROWERS ASSOCIATION
CALIFORNIA
폴록 형제들은 피닉스 근처에 있는 인디언 묘지와 주거지를 자주 방문했다.
도저히 혼자 힘으로 농장을 꾸려나갈 수 없었던 스텔라는 스터드베이커 스페셜 식스 자동차와 농장을 맞바꿨다.
그런 다음 1930년에 가족은 뉴욕으로 이주했다
POLLOCK
로스앤젤레스
1928-1930
리버사이드
1924-1928
이주 후 첫 몇 주 간 가족은 텐트에서 살았다. 리버사이드에서 보낸 4년 간 가족은 세 번 이사를 했다.
1913-1917
그리고
1923-1924
피닉스

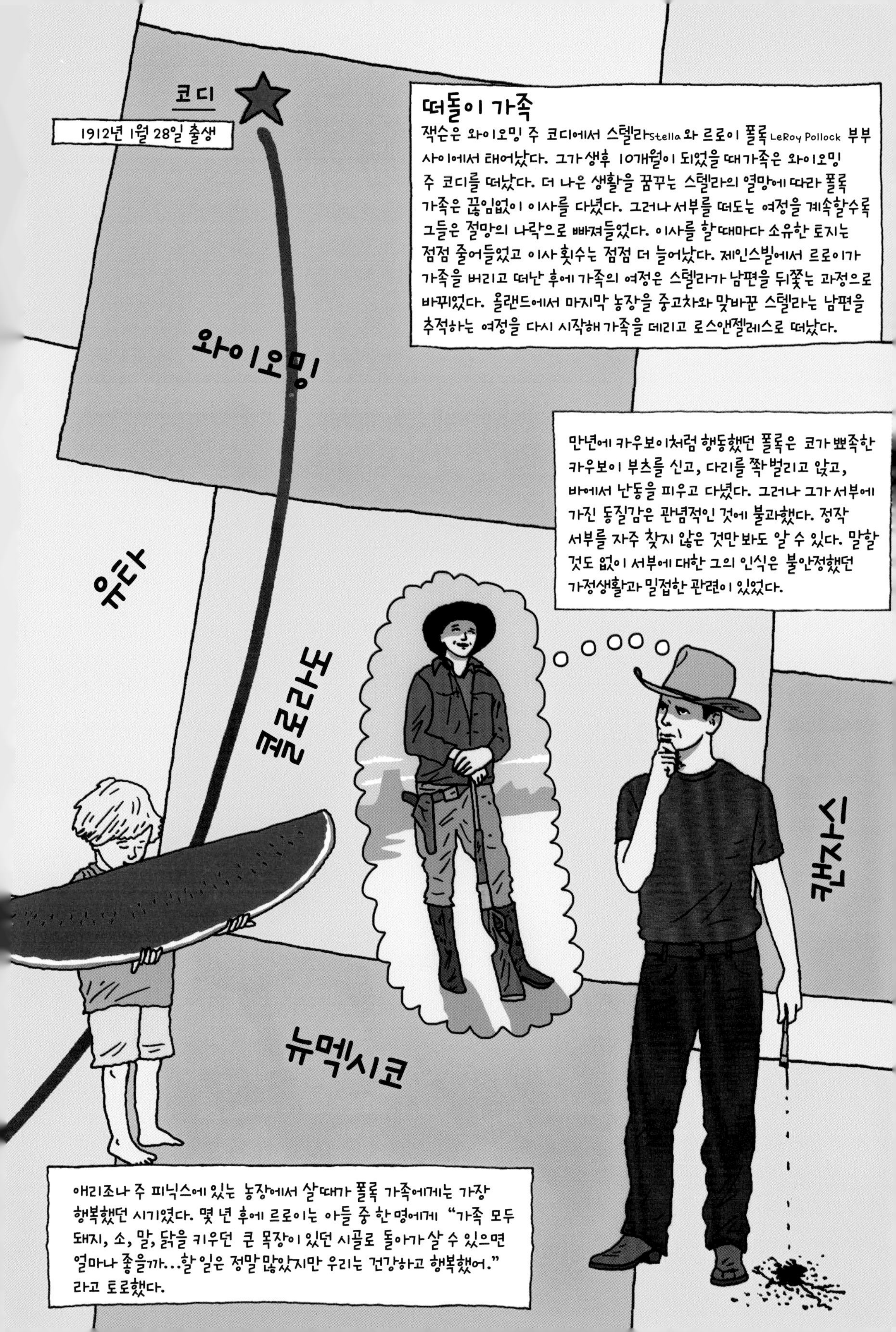
코디
1912년 1월 28일 출생
떠돌이 가족
잭슨은 와이오밍 주 코디에서 스텔라Stella와 르로이 폴록LeRoy Pollock 부부 사이에서 태어났다. 그가 생후 10개월이 되었을 때 가족은 와이오밍 주 코디를 떠났다. 더 나은 생활을 꿈꾸는 스텔라의 열망에 따라 폴록 가족은 끊임없이 이사를 다녔다. 그러나 서부를 떠도는 여정을 계속할수록 그들은 절망의 나락으로 빠져들었다. 이사를 할 때마다 소유한 토지는 점점 줄어들었고 이사 횟수는 점점 더 늘어났다. 제인스빌에서 르로이가 가족을 버리고 떠난 후에 가족의 여정은 스텔라가 남편을 뒤쫓는 과정으로 바뀌었다. 올랜드에서 마지막 농장을 중고차와 맞바꾼 스텔라는 남편을 추적하는 여정을 다시 시작해 가족을 데리고 로스앤젤레스로 떠났다.
와이오밍
만년에 카우보이처럼 행동했던 폴록은 코가 뾰족한 카우보이 부츠를 신고, 다리를 쫙 벌리고 앉고, 바에서 난동을 피우고 다녔다. 그러나 그가 서부에 가진 동질감은 관념적인 것에 불과했다. 정작 서부를 자주 찾지 않은 것만 봐도 알 수 있다. 말할 것도 없이 서부에 대한 그의 인식은 불안정했던 가정생활과 밀접한 관련이 있었다.
유타
콜로라도
캔자스
뉴멕시코
애리조나 주 피닉스에 있는 농장에서 살 때가 폴록 가족에게는 가장 행복했던 시기였다. 몇 년 후에 르로이는 아들 중 한 명에게 "가족 모두 돼지, 소, 말, 닭을 키우던 큰 목장이 있던 시골로 돌아가 살 수 있으면 얼마나 좋을까...할 일은 정말 많았지만 우리는 건강하고 행복했어." 라고 토로했다.

# 모든 어머니는 거인이다
## – 잭슨 폴록

스미소니언 협회 기록보관소는 폴록의 어린 시절 사진들을 소장하고 있다. 이 중에는 다부진 인상의 스텔라가 아이를 들쳐 안고 농기계들과 닭들 옆을 씩씩하게 지나가고 있는 사진이 있다. 스텔라는 닭 잡는 일을 했다. 만사에 수완이 대단했던 스텔라는 가족 내에서 가공할 영향력을 발휘했다. 후에 폴록의 아내가 된 리 크래스너Lee Krasner는 '어머니'와의 첫 만남을 이렇게 묘사한다.

어머니가 차리신 저녁을 보고 말문이 막혔다. 일찍이 본 적 없는 진수성찬이었다. 모든 요리를 직접 만드셨을 뿐 아니라 빵까지 손수 구우셨고 요리 가짓수도 엄청나게 많았다. 정말 훌륭한 엄마라 생각했다… 오랜 시간이 지나서야 왜 잭슨과 어머니 사이에 문제가 있는지 알게 되었다. 그러니까 당시에는 어머니가 오시는 것과 잭슨이 술을 마시는 것 간에 관련이 있다는 생각은 전혀 하지 못했던 것이다.

스텔라는 미국에 대형 철도 노선들이 깔리던 시기에 성장했다. 사회 이론가 마셜 매클루언에 따르면 "철도는 사회적 상호의존에 대한 개인적 관점과 사회적 상호의존 패턴을 급격하게 바꿔놓았다. 철도는 아메리칸 드림을 낳고 키웠다." 다음에 도착할 주에 더 나은 삶이 존재한다는 생각에 스텔라는 서부 여기저기를 떠돌아다녔다. 스텔라는 가족을 이끌고 치코로 이주했다. '거리에 가로수가 늘어선' 멋진 도시에 대한 기사를 고급 잡지에서 읽었기 때문이었다. 스텔라는 겉모습을 중시했다. 재봉사이기도 했던 스텔라는 자식들을 촌스런 농장 일꾼에서 세련된 젊은이로 변신시켰다. 가뜩이나 동네에서 처음 보는 사람이 되어야 하는 상황에 정신적인 상처를 입을 때가 많았던 폴록에게, 스텔라의 이런 노력은 문제만 악화시킬 뿐이었다.

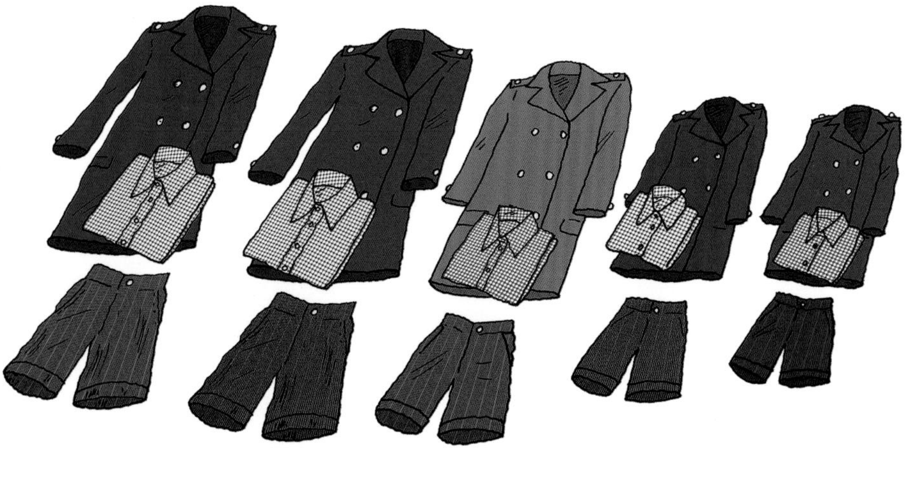

## 르로이, 아버지의 부재

르로이는 술을 좋아하는 현실도피주의자였다. 아들들은 그를 감수성이 예민한 사람으로 여겼고, 그에게 보내는 편지에도 문화와 정치 이야기를 주로 썼다. 잭슨이 15세 때 르로이는 잭슨과 잭슨의 형인 샌포드('샌디')를 데리고 그랜드캐니언으로 자동차 여행을 떠났다. 여기 보이는 사진에는 그가 아버지와 함께 했던 흔치 않은 순간이 담겨 있다. 사실 르로이가 자식들 곁에 머물렀던 시간은 아주 짧았다. 잭슨은 절벽 끝에 다리를 늘어뜨리고 위태롭게 앉아있는 아버지 르로이 뒤에 앉아 로키 산맥을 바라보고 있다. 미술사가들은 폴록의 엄청나게 큰 크기의 캔버스들이 모든 게 크고 광활한 서부 풍경을 반영한 것이라 주장했다.

자동차 여행을 하면서 르로이와 두 아들은 한동안 그랜드캐니언의 북쪽 도로 구간을 조사하고 측량하는 일을 했다. 샌디에 따르면 잭슨은 이 일을 즐겼다고 한다. '지나치게 큰 엔진을 달고 태어났다'라는 말을 듣던 폴록에게 노동은 일종의 해방이었다. 성인이 된 폴록은 이렇게 토로하기도 했다. "그림 그리는 건 문제가 아니다. 문제는 그림을 그리지 않고 있을 때 무엇을 할 것인가이다." 폴록은 이를테면 엔진을 전력 가동하고 있을 때 가장 행복했다. 그래서 1940년대 롱 아일랜드에 살기 시작한 후 첫 몇 년 간 그는 쉴 새 없이 그림을 연이어 그리는 동시에 집을 개조하고 화실을 옮기고 토지를 개간했다.

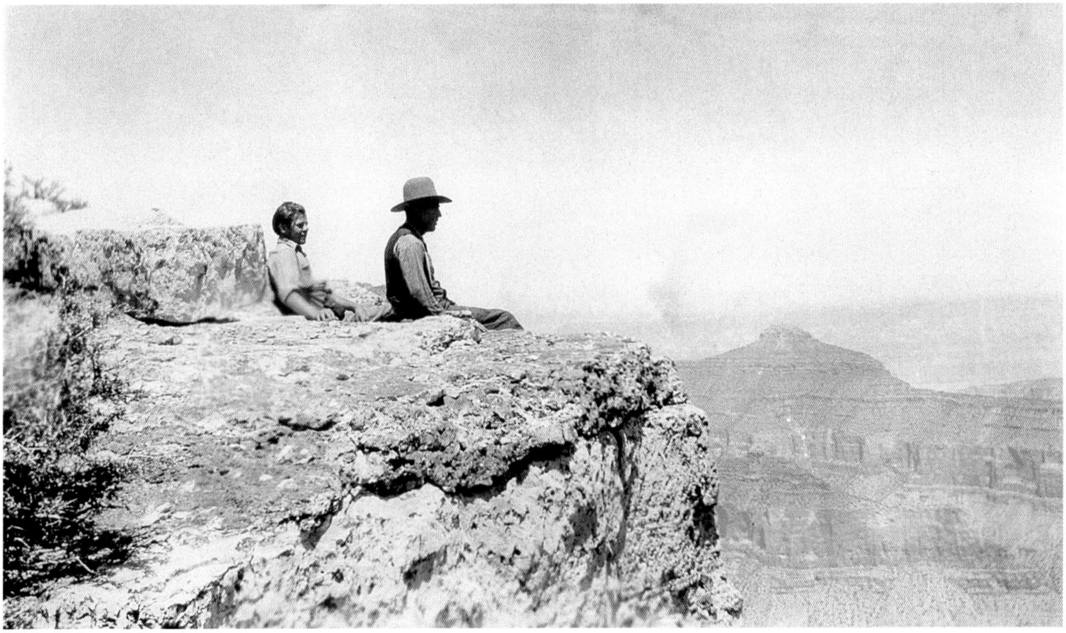

잭슨과 르로이 폴록,
그랜드캐니언, 1927.

## 매뉴얼 미술 고등학교, 1928–30

로스앤젤레스에서 잭슨은 매뉴얼 미술 고등학교에 2년 정도 다니다 체육 교사를 조롱했다는 이유로 퇴학당했다. 그럼에도 불구하고 이곳에서 보낸 시간은 그에게 전반적으로 긍정적인 경험이었다. 폴록은 미술 교사인 프레더릭 슈반코프스키Frederick Schwankovsky를 좋아했다. 그는 폴록에게 롤 모델이 되었다. 폴록은 슈반코프스키처럼 머리를 길게 기르고 그가 추종하던 공산주의 사상을 받아들였다. 미술 교육에 열정적으로 임했던 슈반코프스키는 학생들이 잘 그리는 법을 배워야 한다고 주장했고, 다소 논란의 여지가 있었지만 살아 있는 모델들을 고용했다.

뜻밖에도 폴록은 대번에 두각을 나타낸 미술 신동은 아니었다. 그는 그림을 그리는 데 애를 먹었으며 자기 결점들을 잘 알고 있었다. "내 그림은 솔직히 말해서 형편없다. 대담함과 리듬이 부족해 보인다. 차갑고 생기가 없다." 그의 형인 샌디는 솔직하게 말한다. "그의 초기작들을 본 사람이라면 테니스 선수나 배관공이 되는 게 낫겠다고 말했을 것이다."

## 크리슈나무르티

1928년에 슈반코프스키는 세계적인 영적 지도자 지두 크리슈나무르티Jiddu Krishnamurti를 초청해 학생들에게 강연을 하게 했다. 그 후 폴록은 오자이 밸리Ojai Valley에 있는 크리슈나무르티의 후추나무 명상수련원Pepper Tree Retreat에서 열리는 회합에 참석하기 시작했다. 전기 작가인 데보라 솔로몬Deborah Solomon은 이렇게 설명한다. "크리슈나무르티가 쓴 글들을 보면 불행한 어린 시절을 보냈고 자신을 온전히 바칠 수 있는 어떤 목표를 찾으리라 결심했던, 자상하고 섬세한 이교도인 그에게 폴록이 가졌던 동질감을 이해하기 어렵지 않다."

크리슈나무르티는 환멸에 차 있던 사람들의 마음을 움직였다. 동양 사상의 교의 중 정수를 뽑아내 서양 청중들에게 설파한 그는 누구나 고독해야 한다고 주장했다. 크리슈나무르티는 사람은 홀로 있을 때만이 명료한 이해에 이를 수 있다고 보았다. 다시 말해 자연계, 즉 '식물, 동물, 나무, 하늘, 강물, 나는 새'의 온전한 아름다움을 깨닫고 경험할 수 있다고 말이다. 얼마 지나지 않아 형들에게 "지금은 종교에서 손을 뗐다."고 말하긴 했지만 폴록은 몇 년이 지난 후에도 여전히 크리슈나무르티에 대한 이야기를 했다. 폴록이 번잡한 뉴욕을 떠나 롱 아일랜드 소택지에 있는 농장으로 이사하기로 결정한 데는 크리슈나무르티의 사상이 영향을 끼쳤을지도 모른다. 평온한 롱 아일랜드에서 탄생한 그의 대표적인 화법도 자연에 대한 감수성에 바탕을 두고 있다.

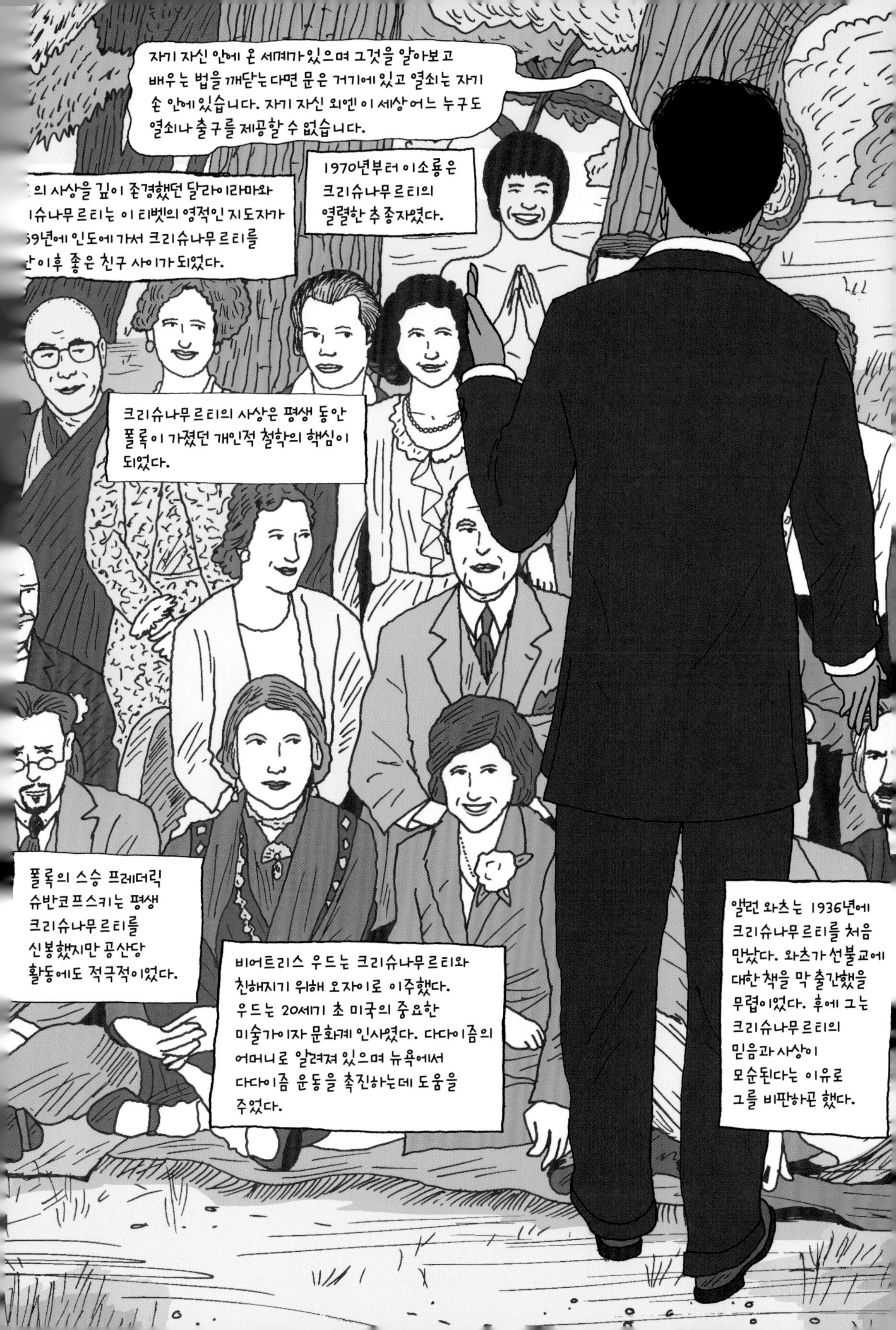

자기 자신 안에 온 세계가 있으며 그것을 알아보고 배우는 법을 깨닫는다면 문은 거기에 있고 열쇠는 자기 손 안에 있습니다. 자기 자신 외엔 이 세상 어느 누구도 열쇠나 출구를 제공할 수 없습니다.
의 사상을 깊이 존경했던 달라이라마와 슈나무르티는 이 티벳의 영적인 지도자가 59년에 인도에 가서 크리슈나무르티를 난 이후 좋은 친구 사이가 되었다.
1970년부터 이소룡은 크리슈나무르티의 열렬한 추종자였다.
크리슈나무르티의 사상은 평생 동안 폴록이 가졌던 개인적 철학의 핵심이 되었다.
폴록의 스승 프레더릭 슈반코프스키는 평생 크리슈나무르티를 신봉했지만 공산당 활동에도 적극적이었다.
비어트리스 우드는 크리슈나무르티와 친해지기 위해 오자이로 이주했다. 우드는 20세기 초 미국의 중요한 미술가이자 문화계 인사였다. 다다이즘의 어머니로 알려져 있으며 뉴욕에서 다다이즘 운동을 촉진하는데 도움을 주었다.
앨런 와츠는 1936년에 크리슈나무르티를 처음 만났다. 와츠가 선불교에 대한 책을 막 출간했을 무렵이었다. 후에 그는 크리슈나무르티의 믿음과 사상이 모순된다는 이유로 그를 비판하곤 했다.

## 미국인의 오두막

예로부터 사람들은 고독을 추구해왔지만 미국이란 신세계에서 고독은 정치적 의미도 있었다. 즉 고독은 국가적 자긍심과 관련이 있었다. 또한 자연 속에서 자립적으로 살아가는 게 인간에게 진정한 영적 통찰을 가져온다고 믿는 초월주의와도 밀접한 관련을 갖게 되었다. 1837년에 있었던 "미국의 학자The American Scholar"라는 제목의 강연에서 이 운동의 주동자였던 랠프 월도 에머슨Ralph Waldo Emerson은 미국이 더 이상 유럽에 의존하지 말고 독자적 정체성을 찾아야 한다고 촉구했다. 19세기 미국 문학에서도 고독한 인물들이 많이 등장한다. 예를 들어 폴록이 가장 좋아한 작품 중 하나이기도 한 〈모비 딕〉에 나오는 방황하는 이슈메일은 '명상과 바다가 언제까지나 결합해 있는' 곳인 '배에 묵묵히 오른다'.

사회에서 도망쳐 나와 방황하며 장엄한 풍경에 압도당하는 구대륙의 낭만주의적 등장인물과는 달리 미국의 초월주의자들이 택한 도피는 소박하고 부담 없는 것이었다. 에머슨과 동시대인이었던 헨리 데이비드 소로Henry David Thoreau는 예를 들어 한 마을 변두리에 있는 예스러운 오두막에 살았고, 어머니가 정기적으로 들러 생활에 필요한 것들을 가져다주고 갔다. 소로의 '자연'은 길게 자란 풀들에 둘러싸인 연못이 있는 잘 관리된 숲이었다.

폴록이 10대 때 처음 가졌던 오두막은 버려진 닭장이었다. 그가 1940년대에 롱아일랜드에서 칩거했던 곳도 이 오두막처럼 평범한 가정적인 곳이었다.

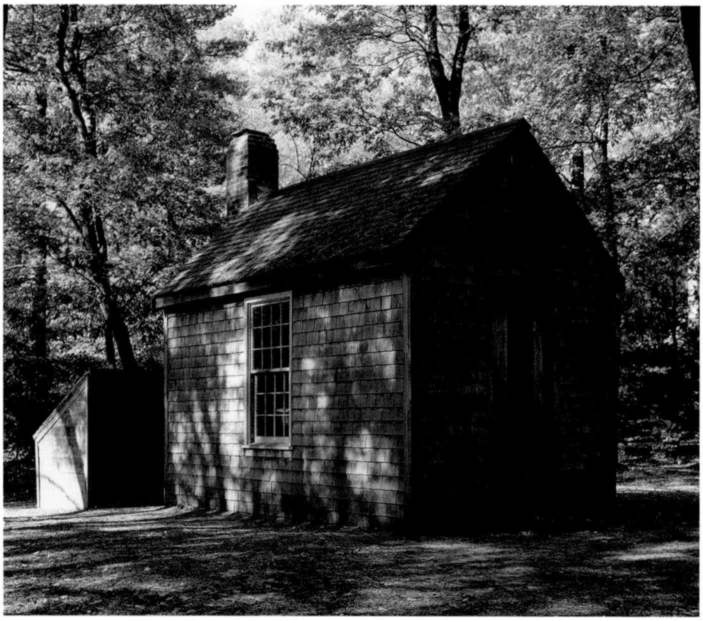

소로의 오두막,
월든 호수, 콩코드, 매사추세츠.

## 미국적 범신론

소로가 했던 이런 안락한 은거의 목적은 자연과 하나가 되는 것이었다. 아래 나오는 시에서 인간과 자연은 시인의 정서가 계절의 흐름을 반영하는 데서 보듯이 서로 밀접하게 연결되어 있다.

나는 가을의 태양,
가을 강풍과 함께 나는 경주를 한다…

나는 완전히 누렇게 시들고,
저 속까지 무르익는다.
도토리가 내 숲속으로 떨어지고,
겨울이 내 마음 속에 숨어드니,
말라죽은 나뭇잎이 바스락거리는 소리는
그치지 않는 내 비탄의 음악이라네…

'나는 가을의 태양'이라는 소로의 주장을 본 따 폴록은 1949년에 '나는 자연이다'라고 주장했다. 이 발언을 근거로 폴록을 지독한 자기중심주의자나 외향적인 인물로 규정하는 일이 되풀이됐다. 그는 극단적으로 내향적인 인물이라는 게 담당 정신과 의사가 내린 진단이었는데도 말이다. 사실 폴록이 여기서 말하려고 했던 건 존재 방식이었다. 폴록은 17세기 프랑스 철학자 르네 데카르트의 사상에서 영향을 받아 정신과 자연계를 서로 별개의 존재로 보는, 당시 유럽을 지배하던 세계관을 거부하고 미국 초월주의자들의 견해에 동조하여 세계와의 공생적 관계를 도모했다.

크리슈나무르티의 가르침과 초월주의자들의 시각이 유사한 것은 우연이 아니다. 소로는 동양 사상에도 관심이 있어서 미국에서 처음 번역 출간된 인도 경전들을 읽었다. 19세기와 20세기 내내 미국 철학은 끊임없이 동양에서 영감을 구했다.

## 벤턴 가족과의 생활

1930년에 폴록은 뉴욕으로 이사해 형 찰스와 함께 아파트에서 살기 시작했다. 또 미술 학생 리그the Art Students League에도 등록해서 토마스 하트 벤턴Thomas Hart Benton 밑에서 수학했다. 벤턴은 미국과 미국 노동자들을 예찬하는 그림을 그린 벽화가였다. 벤턴의 아내 리타는 폴록을 각별히 여겨 그가 뉴욕에서 보낸 첫 몇 년간 내내 자기 자식처럼 돌봐주었다. 리타가 맛있는 스파게티를 만들어주었기 때문에 폴록은 그녀를 '스파게티 리타'라는 애칭으로 불렀다.

벤턴 가족의 생활은 전형적인 미국적 정취로 가득했다. 예를 들어 월요일마다 가족은 컨트리 음악의 밤을 가졌다. 폴록도 참석해서 하모니카를 아주 서툴게 연주하곤 했다. 폴록은 벤턴 부부의 아들인 T.P.를 봐 주기도 했다. 아이는 폴록이 지어낸 잭 새스Jack Sass라는 인물을 주인공으로 한 이야기들에 빠져들었다. 잭 새스는 서부 개척시대에 말을 타고 서부를 누비며 버려진 금광들을 찾아다니는 고독한 영웅이었다.

## 미술 학생 리그

리그에는 서로 경쟁 관계에 있는 두 집단이 있었다. 벤턴과 미국 지방주의자들American Regionalists은 아실 고키Arshile Gorky와 스튜어트 데이비스Stuart Davis가 이끄는 유럽파와 언제나 논쟁을 벌이곤 했다. 폴록은 스승인 벤턴에게 흔들림 없이 충성을 다했다. 한동안 폴록은 벤턴을 모방해서 미국의 풍경을 낭만적으로 그렸다. 〈서부로 가다Going West〉 속 풍경에는 달빛 아래 홀로 소떼를 끌고 산악 지대를 지나가는 인물이 나온다. 미술 평론가 커크 바르네도Kirk Varnedoe는 이 작품이 "풍경이라기보다는 내면적 심상"이라고 주장했다. 상상 속 인물인 잭 새스처럼 혼자서 미지의 땅으로 여행을 떠나는 인물은 폴록의 어린 시절, 즉 서부를 여기저기 끊임없이 떠돌아다녀야 했던 고난의 세월이 남긴 흔적이다.

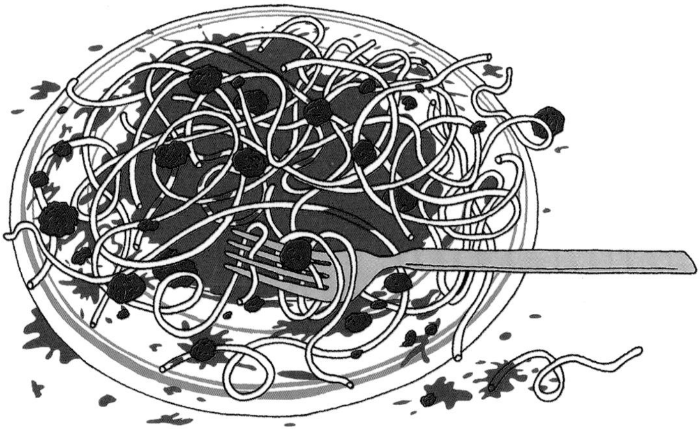

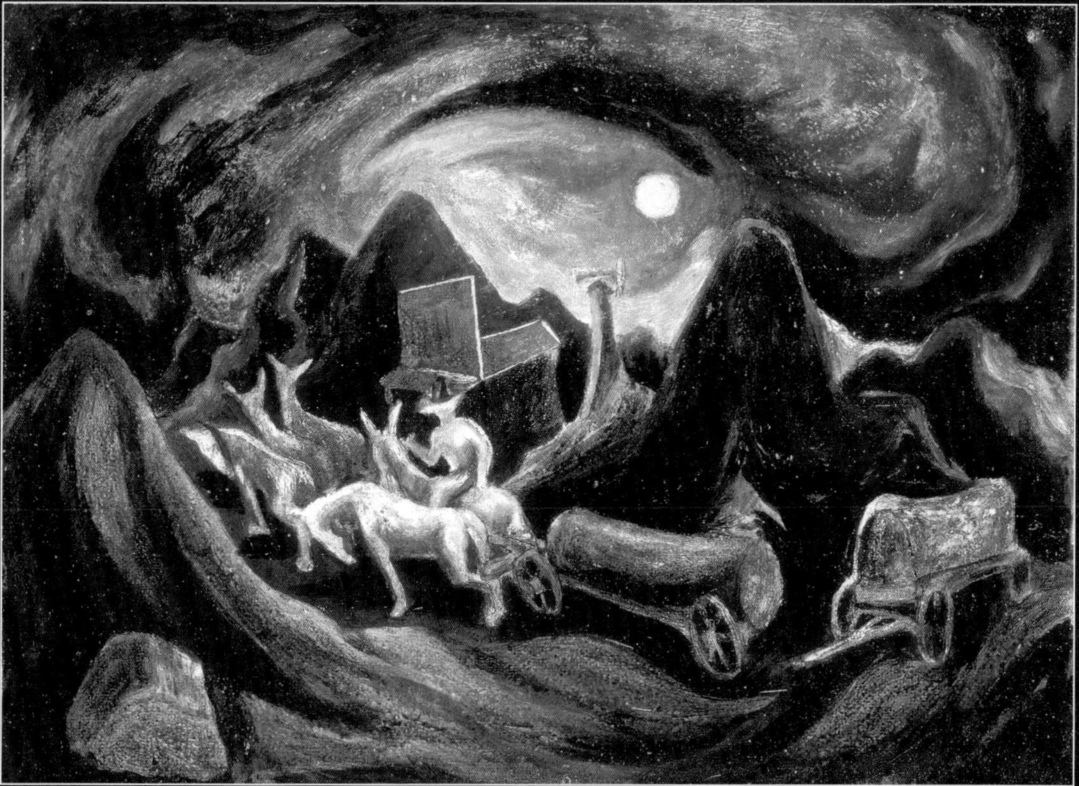

## 토마스 하트 벤턴Thomas Hart Benton의 보다 역동적인 측면

나중에 폴록이 벤턴의 영향에서 벗어나긴 했지만 원숙기에 탄생한 대표적인 드립 페인팅은 마치 춤추는 것처럼 생동감 넘치는 갈겨쓴 화법과 더불어 벤턴의 대규모 벽화들에서 나타나는 것과 비슷한 날것 그대로의 에너지를 보여준다. 가장 유명한 벤턴의 작품은 〈현대 미국 America Today〉 벽화들로, 뉴욕의 뉴스쿨 대학New School에서 의뢰를 받아 제작한 작품들이었다. 폴록도 많은 모델들 중 하나였다. 원 위치에 있을 때는 바닥부터 천장을 꽉 채우는 크기였던 이 벽화에서는 방 안을 쭉 둘러가며 이야기가 차례로 펼쳐지면서 대부분 실물 크기인 등장인물들을 따라 구불구불한 리듬이 생겨났다. 폴록보다도 먼저 이미 벤턴은 벽화를 자기 표현적 행위의 장으로 보았다. 그는 이렇게 설명했다.

> 벽화는 나에게 일종의 한바탕 감정의 표출이다. 큰 공간을 생각하는 것만으로도 심리적으로 고양되어 에너지가 한껏 치솟는다… 어떤 거칠 것 없는 해방감이 갑자기 찾아온다. 어떤 것도 개의치 않게 된다. 일단 벽 앞에 서면 나는 더할 나위 없는 감각적 쾌락에 가득 찬 채로 그림을 그린다.

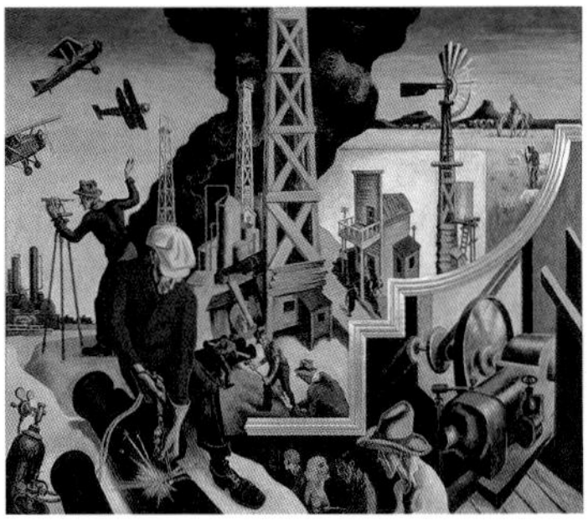

뉴스쿨을 위한 토마스 하트 벤턴의 〈현대 미국 America Today〉(1930-31) 벽화들의 세부. 현재는 뉴욕 메트로폴리탄 미술관 컬렉션 중 일부.

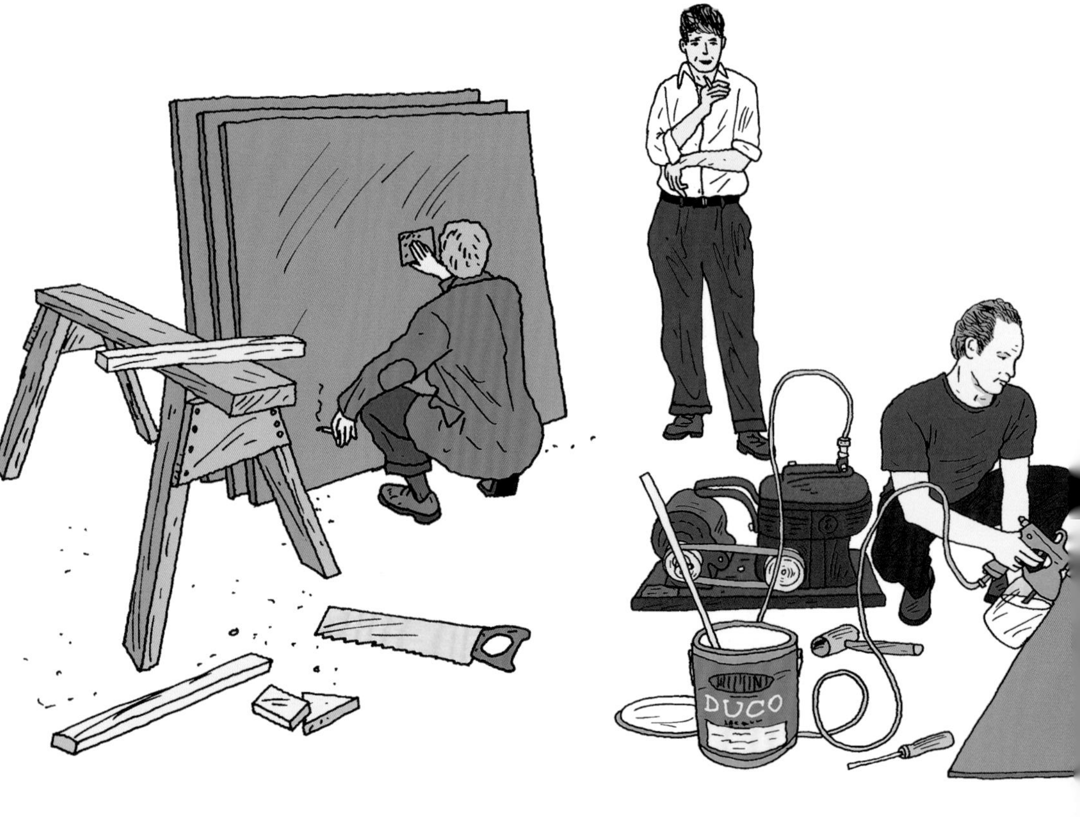

## 아주 평범한 일과, 1935–38

리그를 떠난 폴록은 새로 설립된 공공사업 촉진국WPA과 계약을 했다. 이 프로그램은 미술가를 육체노동자처럼 취급했다. 즉 화가는 자기 작품에 서명을 하지 못하게 되어 있었고 정해진 시간에 출근하고 기한 내에 작품을 완성해야 했다. 그러지 못하면 해고당했다. 공장 제품처럼 WPA 작품은 크기가 16×20인치(약 40.64×50.8센티미터)나 24×36인치(약 60.96×91.44센티미터), 둘 중 하나로 정해져 있었다.

처음부터 폴록은 이런 규칙들을 지키지 못했다. 출근 시간에 잠옷 바람이기 일쑤였고, 정해진 양의 작품을 만들어내는 데 애를 먹었다. 1938년에 그는 결근 횟수가 문제가 되어 잘리고 말았다. 1943년까지 비정기적으로 WPA를 위해 계속 일을 하긴 했지만 말이다. 그러나 이런 모든 상황에도 불구하고 WPA가 금전적인 생명줄이 되어준 덕분에 폴록은 다른 것들을 시도해 볼 시간을 가질 수 있었다.

1936년에 폴록은 유니온 스퀘어에서 열린 다비드 시케이로스David Siqueiros의 실험 워크숍Experimental Workshop을 돕는 일을 자원했다. 급진적인 기법들을 이용했던 혁명적 공산주의자인 시케이로스는 공업용 도료와 스프레이 통으로 실험적인 작업을 했다. 시케이로스는 폴록을 대표하는 드립 페인팅보다 앞서 때때로 캔버스를 바닥에 놓고 도료를 그 위에 흘려 그림을 그리곤 했다.

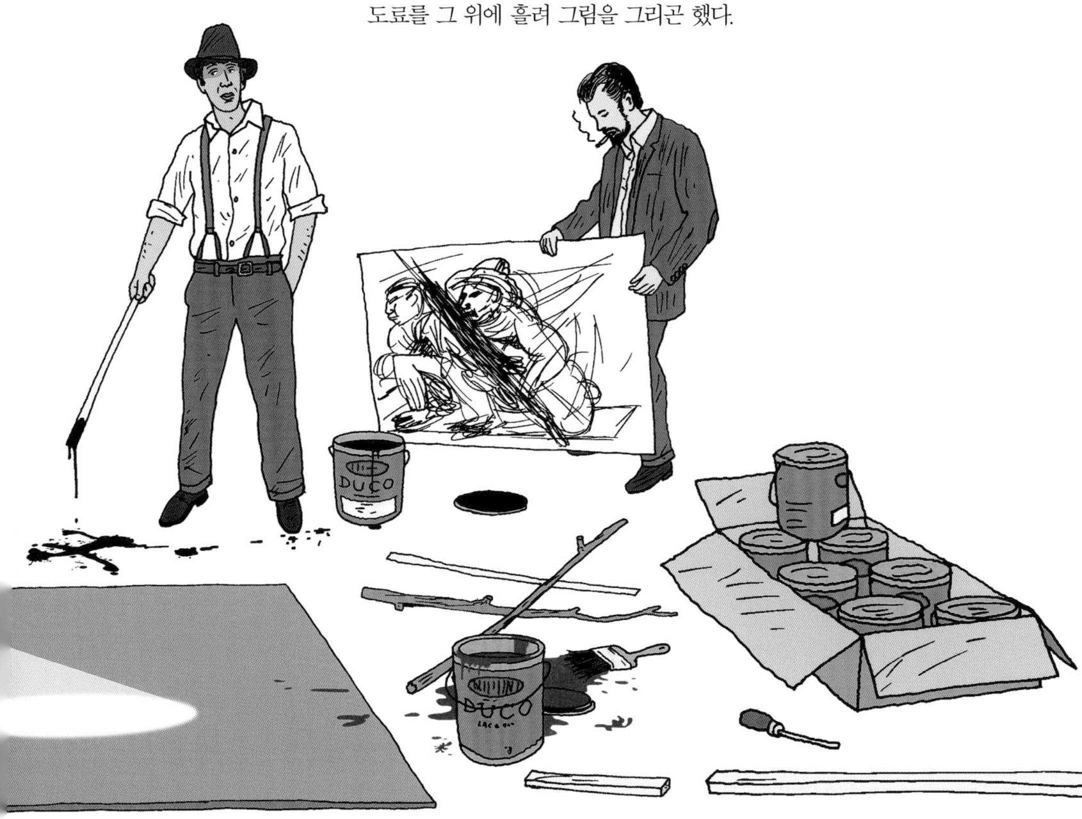

## 지금까진 상당히 신통찮은 상황 – 잭슨 폴록

1940년에 형 찰스에게 쓴 편지에서 폴록은 뉴욕 생활을 '지금까진 상당히 신통찮은 상황'이라고 요약했다. 그의 지지 기반이 지난 몇 년 간 서서히 붕괴했던 것이다. 즉 벤턴이 미주리 주로 떠났고, 절친했던 여자 친구도 뉴욕을 떠났으며 폴록 자신은 WPA에서 쫓겨났으니 말이다. 그 결과 폴록은 폭음을 시작했다. 당시 아파트에서 같이 살던 형 샌디는 계단에서 잠이 들거나 길 위에 쓰러져 있는 그를 자주 발견하곤 했다.

1938년 6월에 폴록은 결국 블루밍데일 정신병원에서 알코올 중독으로 치료를 받게 되었다. 샌디는 찰스에게 편지를 보내 '우리 막내'가 "명백한 신경증에 시달리고 있다."고 말했다. 폴록은 넉 달 간 이 정신병원에 입원해 있었다. 퇴원한 후엔 현재는 융 학파 임상의로 분류되고 있는 조지프 헨더슨Joseph Henderson 박사에게 치료를 받기 시작했다. 폴록이 대화에 서툴다는 것을 알아챈 헨더슨 박사는 상담시간에 이야기할 거리를 그림으로 그려오게 했다. 그 자신이 융 사상에 정통했던 폴록이 상담을 주도하다시피 했던 것으로 보인다. 거의 헨더슨을 손바닥 위에서 가지고 노는 수준이었다. 나중에 헨더슨은 그가 환자 치료에 실패했다는 걸 깨달았다.

> 내가 왜 그의 개인적 문제들을 찾아내거나 연구하거나 분석하는 것을 소홀히 했는지 궁금했다… 왜 그의 알코올 중독을 치료하려 하지 않았는지 알 수 없었다. 마침내 내가 내린 결론은 폴록이 들고 온 무의식 그림들이 그가 만들어낸 상징적 소재에 역전이* 상태가 되도록 나를 강력하게 몰아갔기 때문이라는 거였다. 그 때문에 나는 그의 상징체계의 움직임을 그대로 따라갈 수밖에 없었던 것이다…

* 상담자가 내담자에게 자기가 가진 미해결된 심적 갈등을 투사하는 것

폴록이 이런 그림들 중 83장을 자기 정신 분석의에게 주었다. 피카소에게 영감을 받아 그린 27쪽에 나오는 〈무제〉는 원래 이 헨더슨 소장품의 일부였다. 폴록이 죽은 후에 헨더슨은 의사와 환자 간 비밀 엄수 규약을 위반하고 그림들을 화랑에 팔았다. 또 이 유명한 환자에 대해 공개 강연을 하고 글을 쓰기도 했다.

상담을 받는 동안에도 폴록은 계속해서 술을 마셨기 때문에 헨더슨이 샌프란시스코로 떠날 무렵 그의 상태는 더욱 악화되어 있었다. 어느 날 밤 그는 매뉴얼 미술 고등학교 시절에 만난 오랜 친구이자 동료 화가였던 마누엘 톨레지안Manuel Tolegian이 사는 아파트로 갔다. 아파트 밖에 선 폴록은 돌무더기를 쌓아놓고는 돌을 차례차례 하나씩 집어 던져서 건물 한 동의 모든 창문을 다 깨놓았다. 톨레지안은 이 이야기를 이렇게 마무리한다. "나는 아래로 뛰어 내려가서 그를 흠씬 두들겨 팼다."

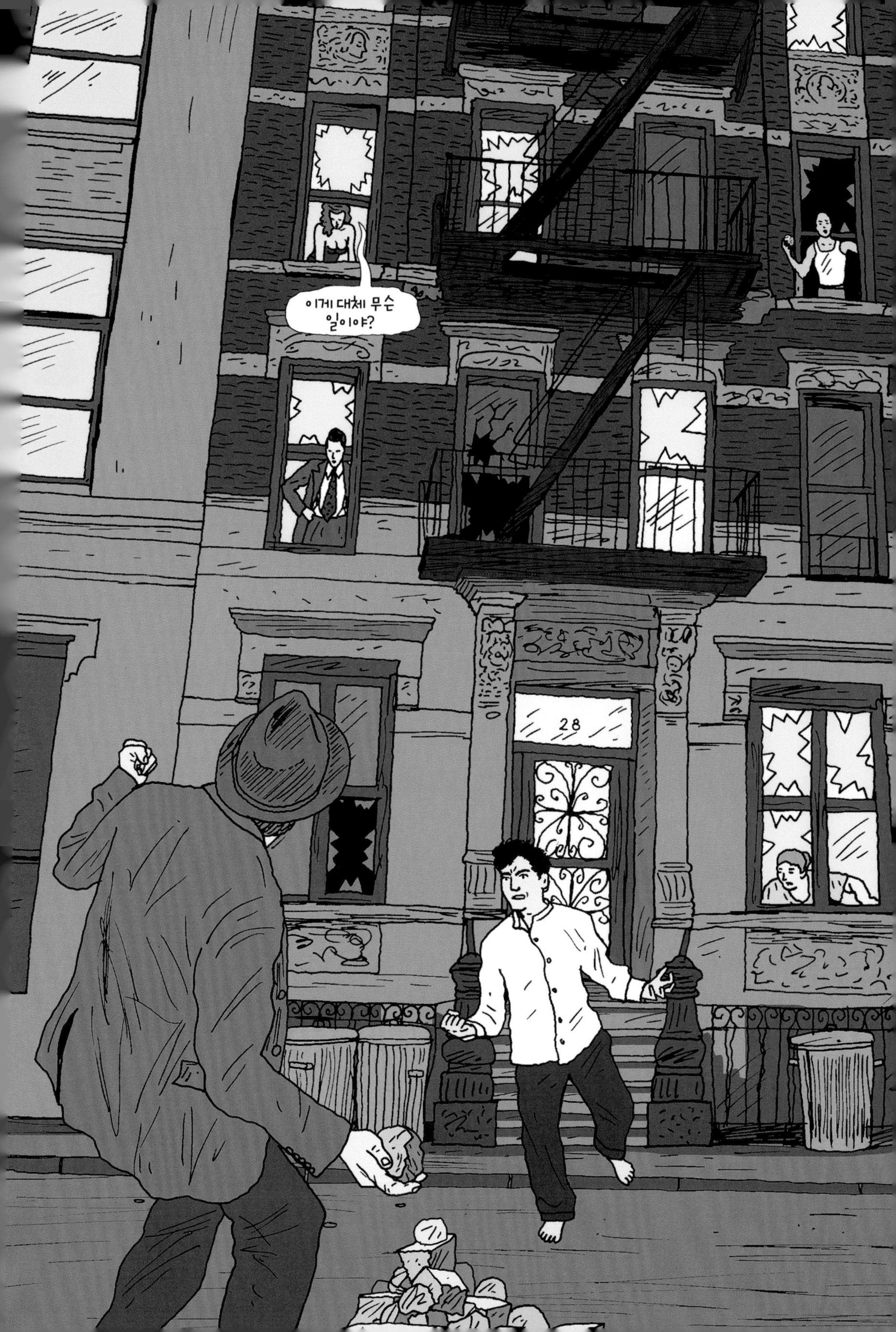
이게 대체 무슨 일이야?
28

## 탄생Birth, 1938-1941

1930년대 말에 폴록은 탄생과 죽음 같은 보편적 주제에 심취했다. 폴록 자신의 출생 과정은 고통스러웠다. 일시적으로 탯줄에 목이 감겼던 것이다. 〈탄생〉에서 폴록은 격렬한 몸부림을 보여준다. 원형들이 아래로 폭포처럼 쏟아지고 있는 가운데, 위협적으로 이를 드러내고 있는 위아래가 뒤집힌 얼굴은 아마도 엄마 뱃속에서 세상에 나와 울음을 터뜨리고 있는 아기일 것이다. 고양이 귀가 달린 머리에 여성의 넓은 둔부, 마티스풍으로 유연하게 구부러진 팔 같은 특징들로 어머니처럼 보이는 존재를 알아볼 수 있다. 토템 폴totem pole* 처럼 이 여성의 몸도 수직을 이루고 있다. 여성의 형태는 추상적인데도 존재감은 왠지 압도적이어서 '모든 어머니는 거인이다'라는 폴록의 생각을 그대로 반영하고 있다.

이 작품은 유럽 미술과 아메리카 원주민 미술을 모두 차용하고 있다. 서로 뒤섞여 소용돌이 치고 있는 입-코-눈은 피카소 작품에 나타나는 한데 뒤섞인 이목구비를 떠올리게 한다. 한편 뻥 뚫린 원들과 소용돌이들과 수직 치아들은 이누이트 족 가면에 나오는 눈 코 입에 더 가까워 보인다. 폴록은 이누이트 가면 그림을 소장하고 있었고 북미 원주민 샤먼 전통에 빠져 있기도 했다. 〈탄생〉에 등장하는 소용돌이치는 형태들은 사람을 다른 존재로 변하게 하는 샤먼이 추는 의식 무용이 가진 광란적 충동을 느끼게 한다. 폴록의 전기 작가인 엘렌 란다우Ellen Landau는 "…격렬하고 무시무시한 변신을 우리는 보고 있다. 폴록이 술을 마실 때마다 직접 겪었던 것과 다를 바 없는 일을 말이다"라고 주장한다.

* 아메리카 원주민들이 특별한 상징으로서 동물이나 자연물을 조각하거나 그린 전통적인 긴 나무 막대기

** 알래스카 및 러시아 극동 지방 원주민 집단

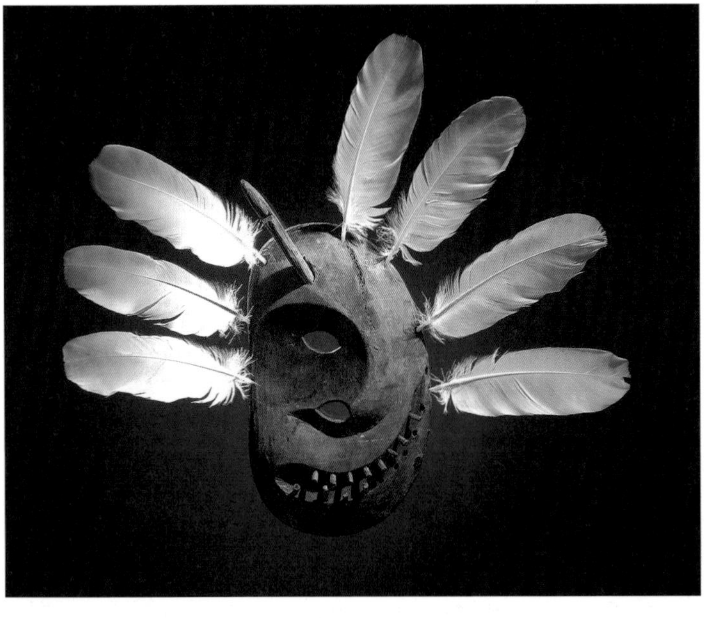

유픽 족Yup'ik** 가면,
알래스카 서부, 1928년 경.
나무 및 깃털. 윌리엄 블레어 반 발린 소장, 워너메이커 북극 원정 : 누니박 섬/ 후퍼 만(灣). 펜실베이니아 대학교 고고학 및 인류학 박물관.

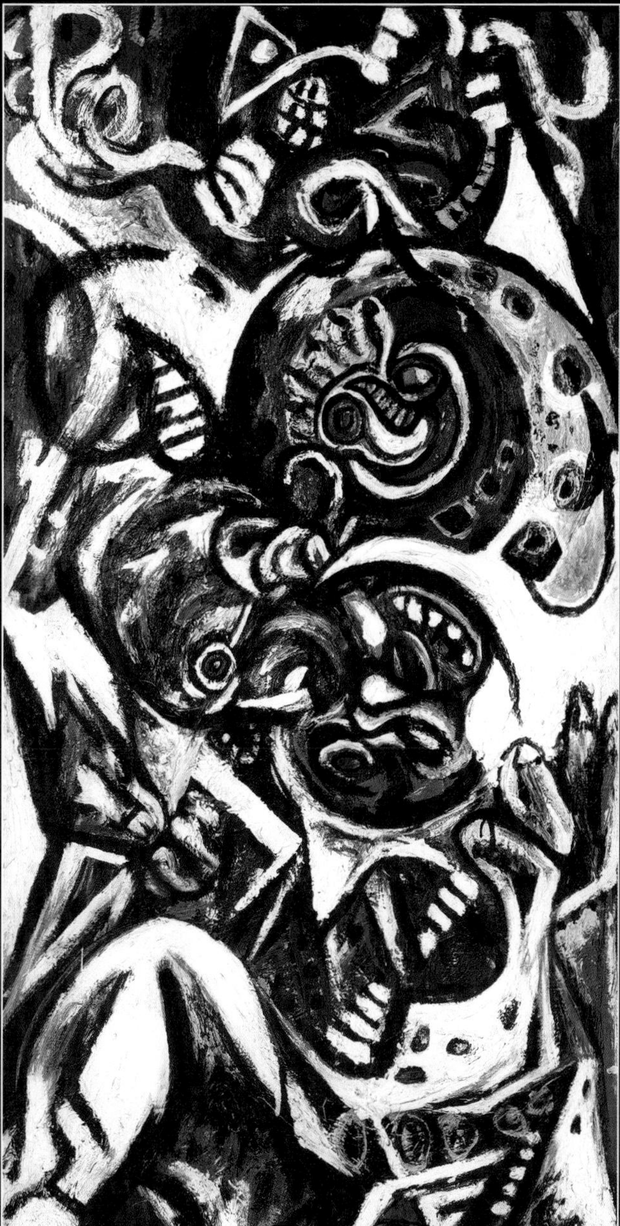

탄생
*Birth*

잭슨 폴록, 1938-1941

캔버스에 유채, 116.4 × 55.1 cm
테이트, 런던

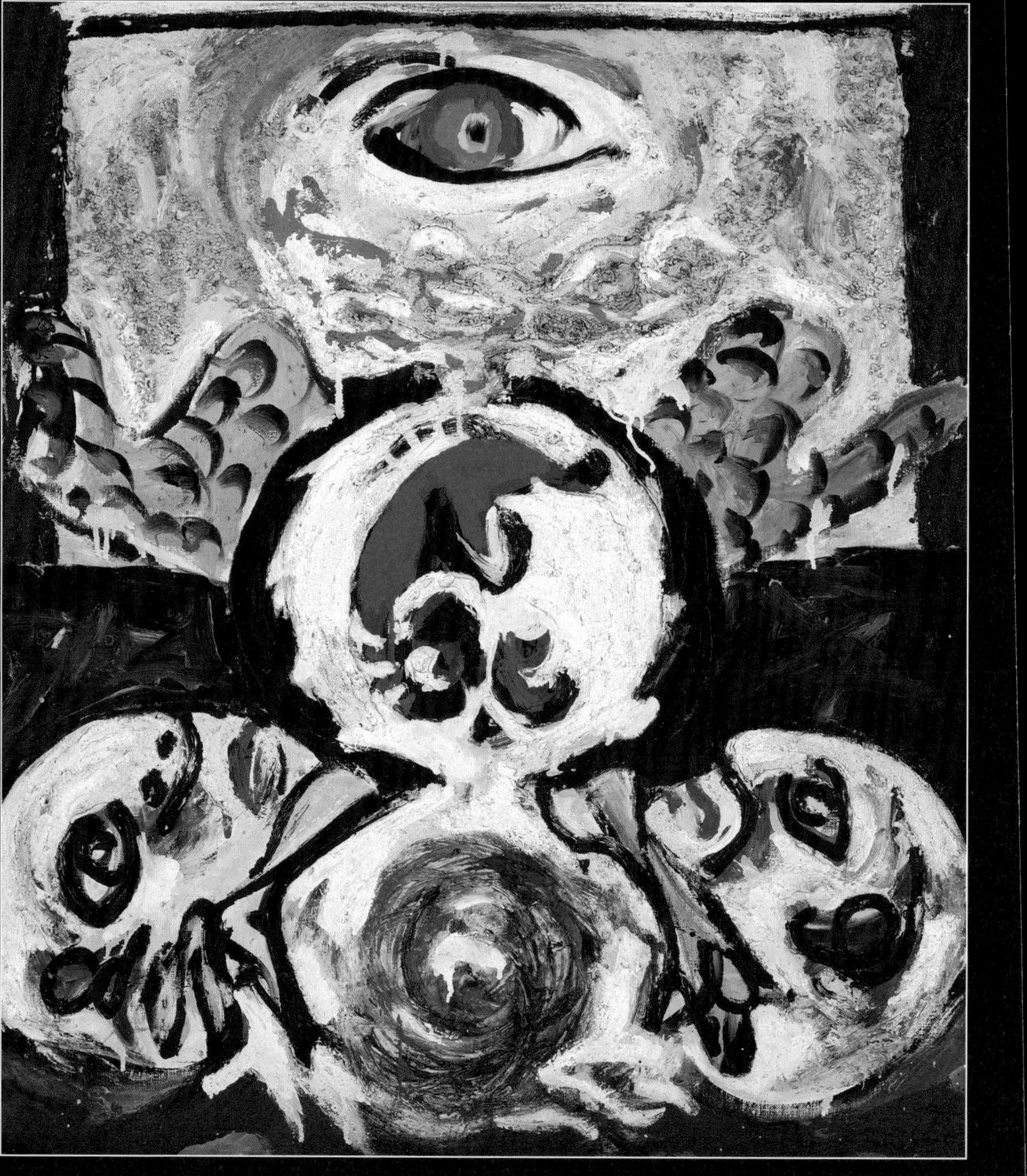

새

*Bird*

내 생각에 우리 모두는 프로이트에게 영향을 받았다.
나는 오랫동안 융 주의자였다.
– 잭슨 폴록

1930년대에는 무의식 이론에 대한 관심이 높았다. 폴록도 한 인터뷰에서 '예술의 근원을 무의식으로 보는 [초현실주의자들의] 개념이 특히 인상적'이었다고 말했다.

1세대 초현실주의자들 중 다수가 지그문트 프로이트의 저서들을 읽었다. 프로이트는 무의식을 보통 사실상 성적으로 억압된 욕망과 기억의 개인적인 저장소로 보았다. 그러나 새로 부상한 추상 표현주의자들이 영감을 얻은 대상은 칼 융이었다. 융은 개인 무의식의 존재를 인정했지만 그보다 더 깊은 차원이 있다는 견해도 제시했다. 바로 '모든 사람들이 동일하게 갖고 있는 집단적이고 일반적인 본성이라는 또 하나의 정신 체계'였다.

개성과 독특함을 우선시하는 서구적 경향에 반기를 든 융은 인간 경험에 공통적으로 존재하고 대를 이어 전해지는 요소들에 초점을 맞췄다. 융이 말하는 집단 무의식은 원형archetype들, 즉 조상 대대로 과거로부터 전해 내려오는 원초적 이미지나 생활양식들로 이루어져 있다. 어떤 게 지혜로운 노인, 자식, 어머니라는 전형들 말이다.

## 새

때때로 폴록의 작품은 융 사상에 대한 좀 더 개인적 성찰이나 다름없을 때가 있다. 정신 분열증 경향이 있고 여성적인 면이 현저하게 나타난다는 진단을 받은 폴록은 융 심리학 정신분석을 받기 시작했다. 융은 상담치료를 통해서 '정신적 재생'을 경험할 수 있다고 믿었다.

〈새〉는 이런 치유 과정의 단계들을 나타낸다고 말할 수도 있다. 이 그림의 맨 아래 있는 마주 보고 있는 두 개의 머리는 분열된 자아를 나타내는 걸로 볼 수 있다. 소용돌이치는 역동적인 노란 색 붓질은 그런 두 자아 간의 투쟁을 의미한다. 아마도 폴록은 융이 말하는 '네키아Nekyia'를 가리키려는 것인지도 모른다. 즉 정신이 다시 태어나고 조화를 되찾기 전에 무의식이 거쳐야 하는 격동적인 과정을 말이다. 알 안에 있는 태아 같은 조직은 남성적 요소들과 여성적 요소들의 통합을 암시하므로 재생을 상징한다. 한편 캔버스 맨 위 가운데 자리한 강렬한 '제 3의 눈'은 새로운 깨달음을 얻은 자아를 나타낸다.

## 아버지 같은 존재

1939년에 아마 역사상 가장 유명한 반전反戰을 주제로 한 그림이라고 할 만한 피카소의 〈게르니카〉가 대서양 횡단 정기선인 노르망디 호에 실렸다. 2차 세계대전 직전 쇠락하는 구대륙을 뒤로 하고 떠난 배는 뉴욕을 향했다. 배가 뉴욕 항구에 다가가자 〈게르니카〉에 나오는 램프를 높이 치켜 든 비극의 여주인공이 횃불을 든 자유의 여신상에게 마치 정중히 인사를 건네기라도 하는 듯 보였다. 피카소가 그린 이 기념비적인 작품은 펼쳐져 밸런타인 갤러리에 전시되었다.

일간지 같은 생생한 현장감을 가진 서사시인 〈게르니카〉는 많은 뉴욕 미술가들에게 계시나 마찬가지였다. 폴록의 친구인 미술 이론가 존 그레이엄이 미국에서 피카소에 대한 적극적 지지를 표명한 지 이미 오래였지만 말이다. 미국 화가인 윌리엄 배지오테스 William Baziotes가 보기에 "피카소는 자기 안에서 강렬한 흥분 상태를 찾아내 그것을 그려내고 있다. 즉 죽음과 미美에 대한 강렬한 흥분을 말이다." 폴록 자신도 이 그림을 기초로 숱한 습작을 그렸다. 예를 들어 폴록의 〈무제〉에서는 피카소 작품에 나오는 황소와 사나운 말 같은 난폭한 짐승들이 서로 엉켜 있다. 폴록은 피카소 작품에 등장하는 형체들이 가진 에너지와 풍부한 표현력을 강조한다.

폴록은 계속해서 피카소 작품들을 베끼고 차용하곤 했다. 이 책 32쪽에 나오는 〈비밀의 수호자Guardians of the Secret〉를 작업하고 있을 때 그는 광대한 화면을 아우르는 일체감을 확립해야 하는 도전에 직면했다. 외부에 있는 두 형체가 중심 장면을 둘러싼 배경이 되게 한 그의 해법은 〈게르니카〉의 구성을 답습하고 있다.

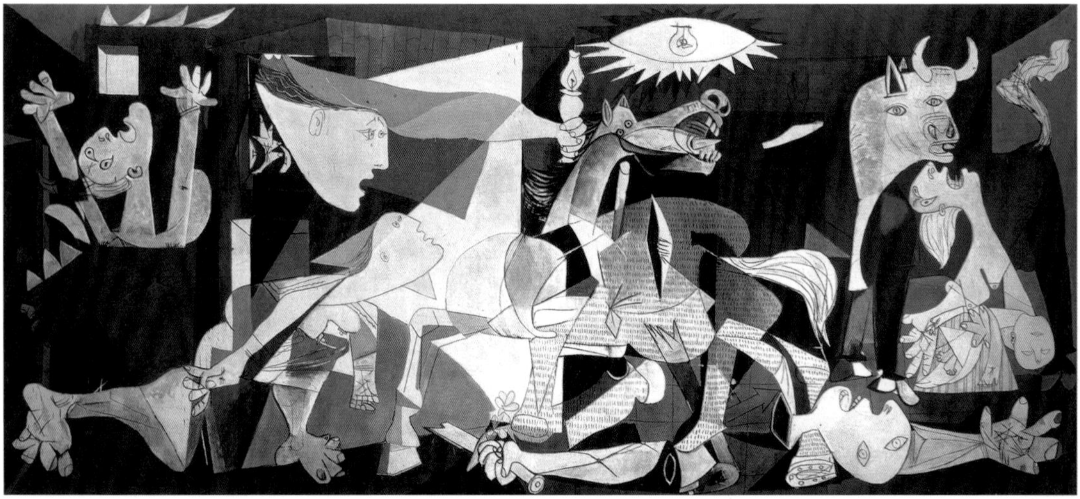

파블로 피카소. 게르니카Guernica, 1937.
캔버스에 유채, 349.3 × 776.6 cm. 국립 소피아 왕비 예술센터(Museo Nacional Centro de Arte Reina Sofia), 마드리드.

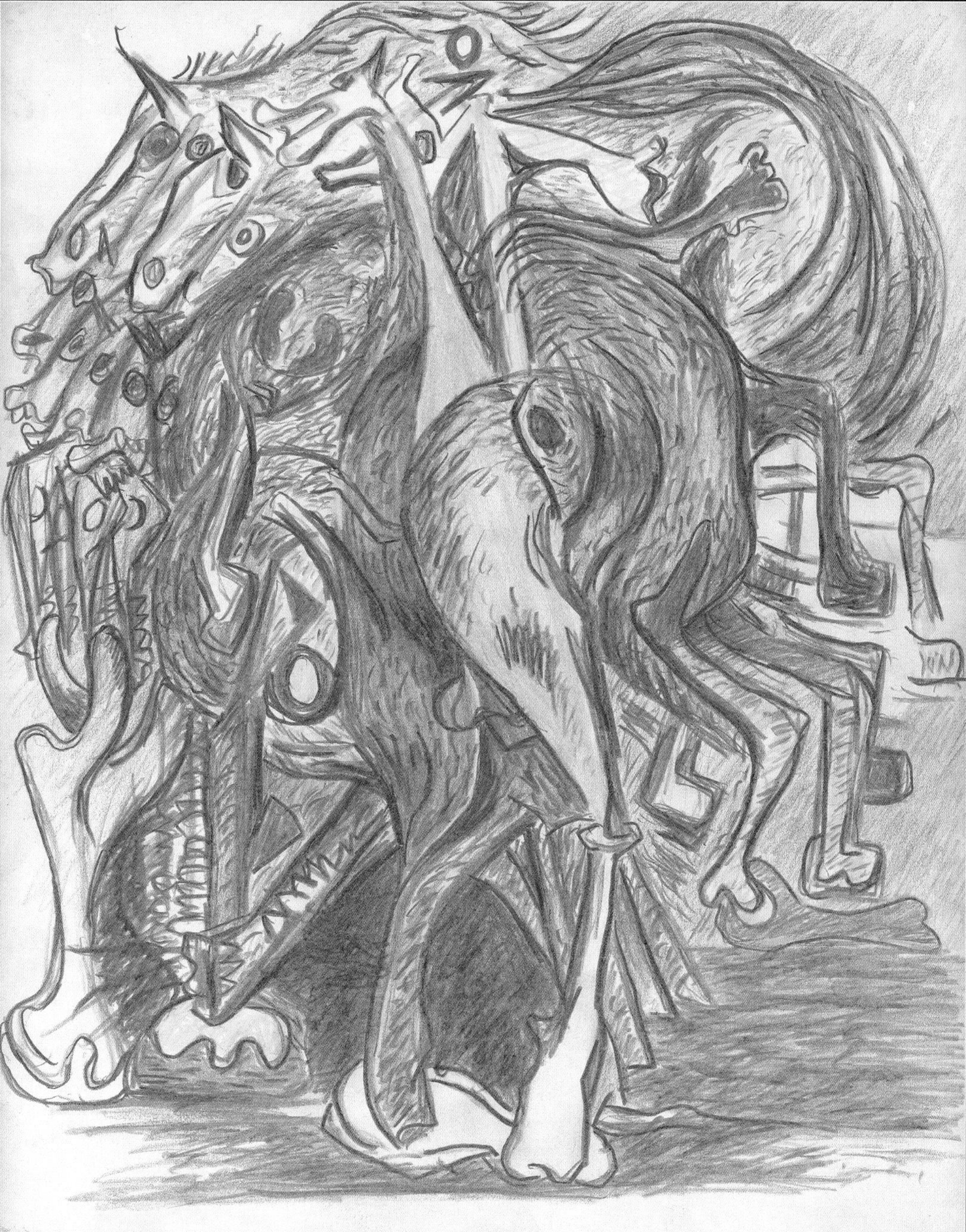

무제
*Untitled*

## 존 그레이엄

폴록은 존 그레이엄의 집에 들어가는 게 마치 사원이나 성소에 들어가는 것 같았다고 말했다. 그만큼 이 미술 평론가는 폴록에게는 일종의 종교적 스승 같은 존재였다. 리 크래스너는 그레이엄을 '미치광이 같고 엉뚱하고 아름다운 사람'으로 기억했다. 이런 인상을 갖게 된 데는 그레이엄 자신이 큰 역할을 했다. 그는 때때로 이집트 머리장식을 쓰고 이집트 예식용 치마를 입고서 손님들을 맞이하기도 했다. 그레이엄과 폴록의 우정은 의외였지만 둘은 아주 잘 맞았다. 그레이엄은 심지어 폴록이 그의 두 번째 융 심리학 치료사였던 바이올렛 스타웁 드 라즐로Violet Staub de Laszlo와 하는 상담에 한 차례 참여하기도 했다.

그레이엄은 어떤 이론을 소화해, 예술과 관련해서 그 이론이 가진 의미의 정수를 뽑아냈다. 화가인 프리츠 불트만Fritz Bultman에 따르면 그는 '폴록을 위한 융 이론의 친절한 정보원'이었다. 그레이엄이 보는 관점에 따르면 문명화된 문화는 무의식과 접촉이 끊어진 상태며, 따라서 '천재'가 나서서 이 풍요로운 세계를 드러내 보여줄 필요가 있었다. 그리고 그는 폴록을 미국 최초의 이런 천재로 기꺼이 선포했다. 1942년에 그레이엄은 맥밀런 갤러리에서 그가 기획한 '미국과 프랑스 회화American and French Paintings'라 이름붙인 전시회에 〈탄생〉을 전시했다. 이 전시회 덕분에 폴록은 유명해졌다.

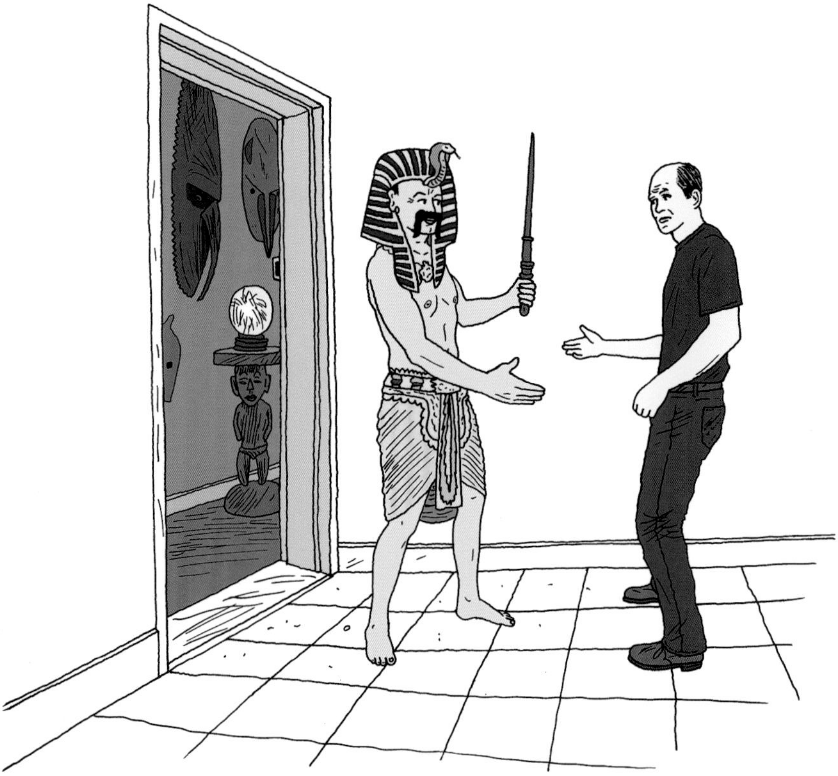

## 리 크래스너

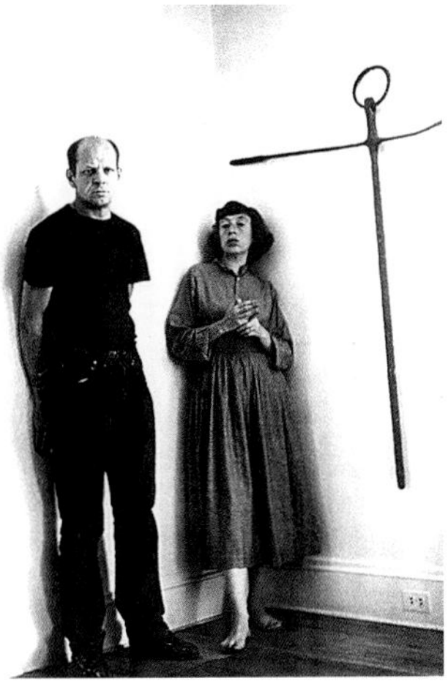

잭슨 폴록과 리 크래스너,
스프링스, 이스트햄프턴, 뉴욕, 1945년 경.

러시아계 미국인이자 반추상 화가인 리 크래스너Lee Krasner도 그레이엄의 미국과 프랑스 미술 전시회에 출품을 요청받았다. 크래스너는 전시회 개관식 전에 폴록과 안면을 트기로 했다. 폴록과 아주 가까운 곳에 살았던 리는 폴록의 작품을 한 번도 본 적이 없는 터라 궁금증이 컸던 것이다. "반했다는 말 정도로는 한참 부족했다. 보자마자 충격에 넋이 나갔으니… 그림들을 본 순간 바닥이 푹 꺼져버리는 것 같은 느낌이 들었다."

사실 폴록은 여자와 사귀어 본 경험이 거의 없었다. 진지하고 열정적인 성격이던 리는 전위파에 속해 있었다. 그리고 이 시점에는 폴록보다 상업적으로 더 큰 성공을 거두고 있었다. 폴록이 커피를 마시러 오라는 리의 초대를 받아들여 리의 아파트에 오자 리는 그를 동네 식당에 데려갔다. 그림 밖에 모르던 리는 요리는커녕 주전자에 물을 끓일 줄도 몰랐던 것이다. 그러나 이들의 관계가 발전해나가면서 리는 아주 딴 사람이 되었다.

리는 폴록에게 푹 빠졌다. "나는 잭슨에게 엄청나게 끌렸고 그와 사랑에 빠졌다. 육체적으로나 정신적으로나 모든 점에서 말이다. 잭슨을 만났을 때 그가 뭔가 중요한 이야기를 품고 있다는 확신이 들었다. 우리가 사귀기 시작하자 내 일은 아무래도 상관없어졌다. 중요한 건 그이뿐이었다."

어렸을 때, 리는 가족 내에서 '변변찮은 존재'였다. 전기 작가인 게일 레빈Gail Levin에 따르면 리의 어머니는 '여느 유대인 어머니처럼 딸들보다 외동아들을 편애했다.' 1945년 10월에 두 사람은 뉴욕의 한 교회에서 결혼했다. 교회 청소부가 증인을 섰다. 리가 한때 자기 작품에 쏟아 붓던 에너지는 이제 폴록의 출세를 위한 내조와 집안 살림에 들어갔다. 리는 폴록을 부추겨 스프링스로 이사를 갔고 한동안은 만사가 잘 풀려 나갔다. 폴록이 술을 끊고 생산적인 시간을 보내면서 그곳 생활을 상당히 만족스러워 했던 것이다. 흥미롭게도 리는 폴록이 정신 분석의와 상담을 그만둬야 한다고 주장했다. 라즐로의 의견에 따르면 "리는 소유욕이 아주 강해서 폴록이 의지하는 사람은 누구나 경계했다."

리가 고압적인 어머니라도 되는 듯 굴었다면 폴록은 반항적인 자식 역할을 했다. 이런 둘 사이의 긴장감은 그들 부부 생활의 특징이 되었다. 둘의 하루는 언제나 리가 식탁에서 울분을 삭히는 것으로 시작했다. "그가 아침을 먹는 동안 나는 점심을 먹었다… 그는 두 시간 동안 빌어먹을 커피를 마시며 죽치고 앉아 있곤 했다. 때는 이미 오후였다."

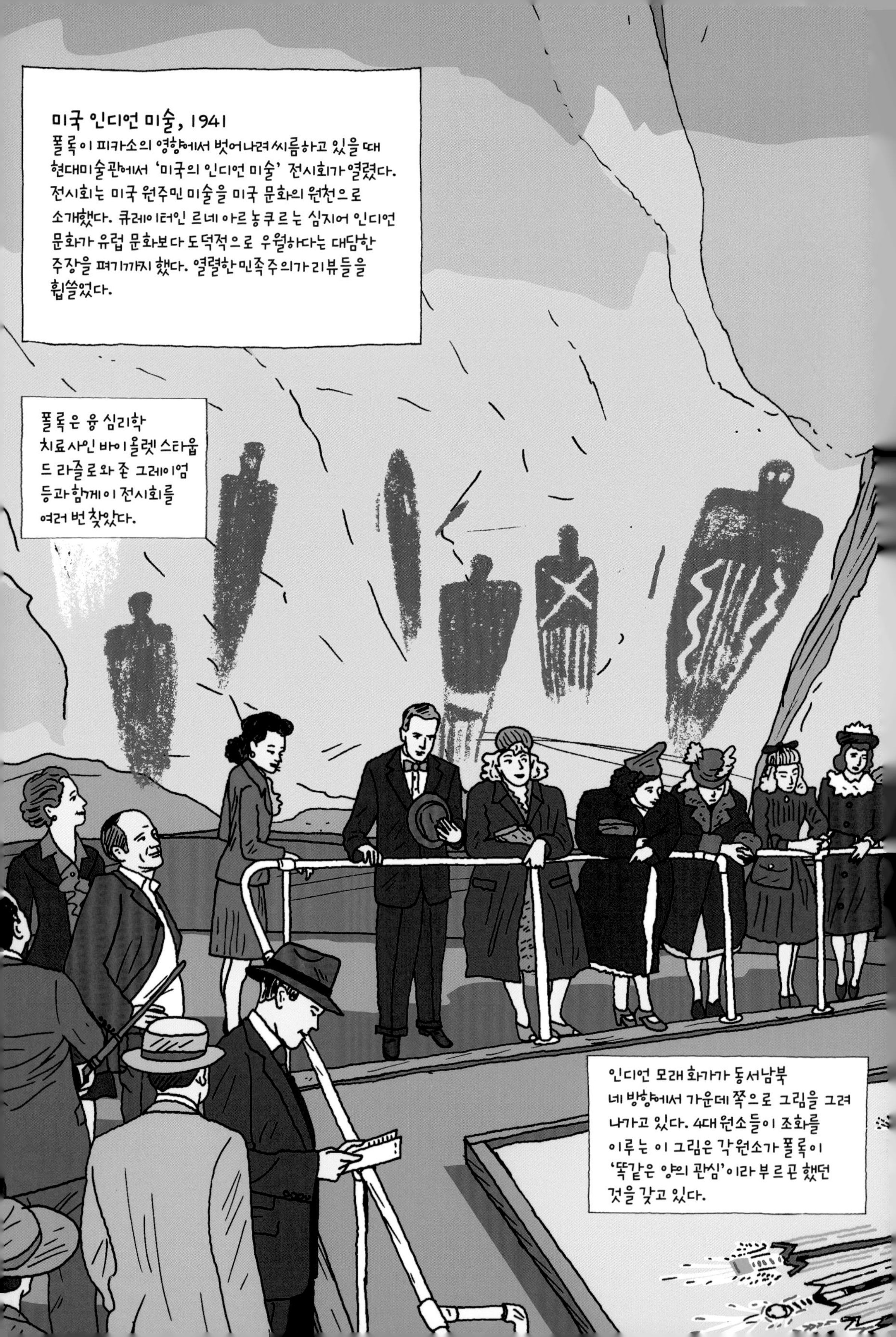
미국 인디언 미술, 1941
폴록이 피카소의 영향에서 벗어나려 씨름하고 있을 때
현대미술관에서 '미국의 인디언 미술' 전시회가 열렸다.
전시회는 미국 원주민 미술을 미국 문화의 원천으로
소개했다. 큐레이터인 르네 아르농쿠르는 심지어 인디언
문화가 유럽 문화보다 도덕적으로 우월하다는 대담한
주장을 펴기까지 했다. 열렬한 민족주의가 리뷰들을
휩쓸었다.
폴록은 융 심리학
치료사인 바이올렛 스타웁
드 라즐로와 존 그레이엄
등과 함께 이 전시회를
여러 번 찾았다.
인디언 모래 화가가 동서남북
네 방향에서 가운데 쪽으로 그림을 그려
나가고 있다. 4대 원소들이 조화를
이루는 이 그림은 각 원소가 폴록이
'똑같은 양의 관심'이라 부르곤 했던
것을 갖고 있다.

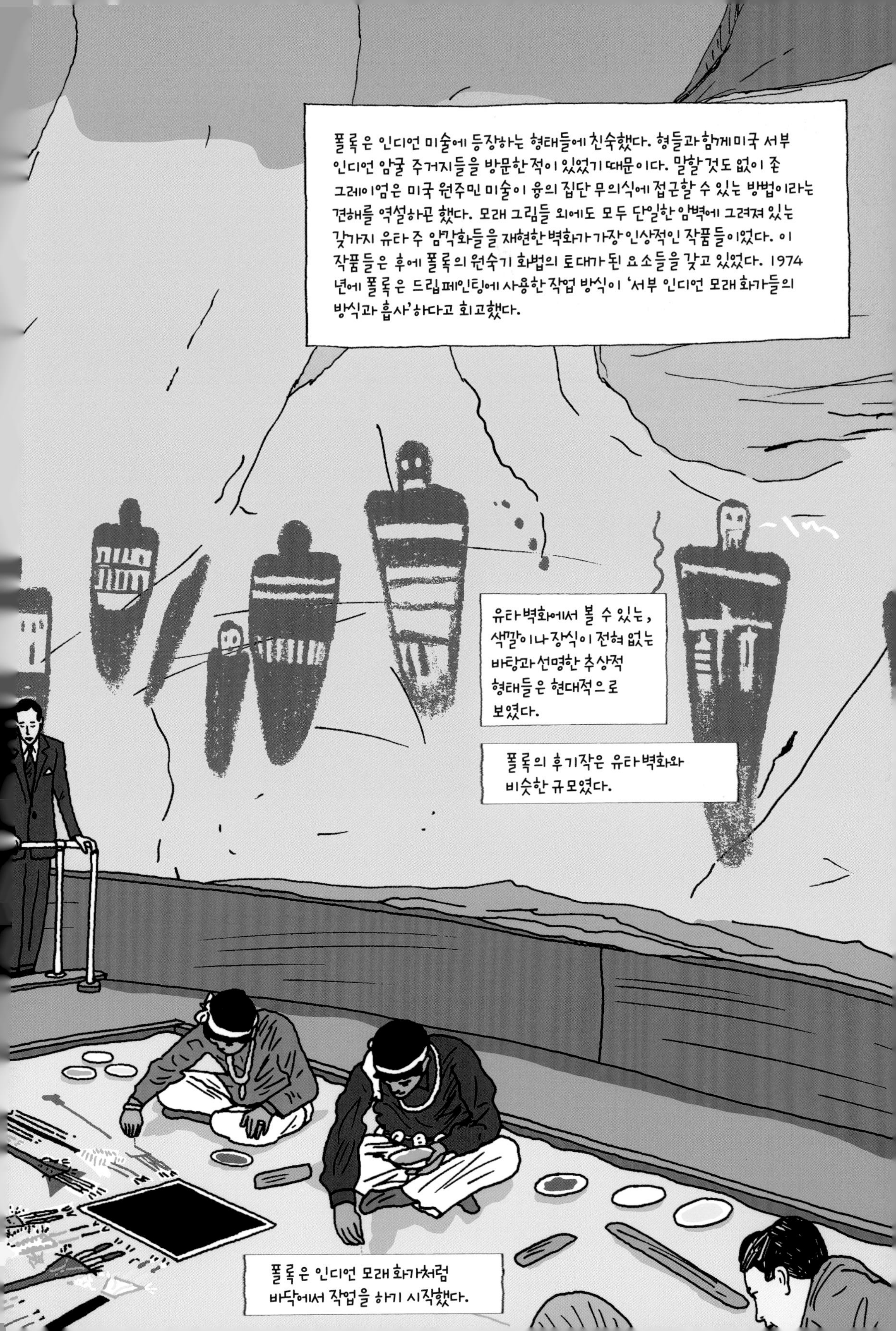
폴록은 인디언 미술에 등장하는 형태들에 친숙했다. 형들과 함께 미국 서부 인디언 암굴 주거지들을 방문한 적이 있었기 때문이다. 말할 것도 없이 존 그레이엄은 미국 원주민 미술이 융의 집단 무의식에 접근할 수 있는 방법이라는 견해를 역설하곤 했다. 모래 그림들 외에도 모두 단일한 암벽에 그려져 있는 갖가지 유타 주 암각화들을 재현한 벽화가 가장 인상적인 작품들이었다. 이 작품들은 후에 폴록의 원숙기 화법의 토대가 된 요소들을 갖고 있었다. 1974년에 폴록은 드립페인팅에 사용한 작업 방식이 '서부 인디언 모래 화가들의 방식과 흡사'하다고 회고했다.
유타 벽화에서 볼 수 있는, 색깔이나 장식이 전혀 없는 바탕과 선명한 추상적 형태들은 현대적으로 보였다.
폴록의 후기작은 유타 벽화와 비슷한 규모였다.
폴록은 인디언 모래 화가처럼 바닥에서 작업을 하기 시작했다.

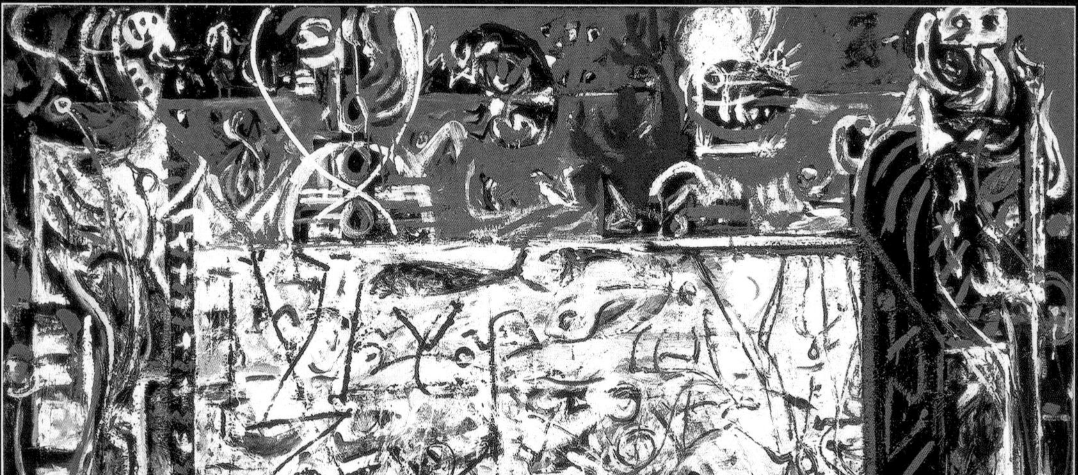

비밀의 수호자
*Guardians of the Secret*

잭슨 폴록, 1943

캔버스에 유채, 122.9 × 191.5 cm
샌프란시스코 현대미술관
앨버트 M. 벤더 유증 기금 구입

모든 인적 교류에 대한 기록은 상징을 통해 영속한다.
– 존 그레이엄

* 캐나다 밴쿠버 섬 북부에 있는 브리티시 콜롬비아 중앙 연안과 본토에 살았던 토착집단인 콰콰카왁쿠 인디언 신화에 나오는 여신으로, 아이들을 훔쳐 집에 있는 바구니에 넣어놓았다가 잡아먹는다고 알려져 있다.

** 머리는 원형으로, 몸통과 팔다리는 직선으로 그림

1940년대 초에 폴록은 미국 원주민 미술의 상징과 시각적 문법에 심취했다. 〈비밀의 수호자〉 꺽대기 패널에는 물고기 그림문자와 쵸노콰Tsonoqua* 가면과 웅크린 벌레 한 마리가 나온다. 이것들은 폴록이 뉴욕 현대미술관 전시회에서 본 멕시코 단지pot에서 베낀 것이다. 미술사가인 잭슨 러싱Jackson Rushing은 흰 직사각형 안에 등장하는 형체들이 애리조나 주 호호캄 인디언 단지에 그려진 막대 인간들matchstick men**과 유사하다고 보았다. 호호캄 인디언 단지도 뉴욕 현대미술관 전시회에 전시된 적이 있다. 호호캄 단지는 형체들이 표면을 빙빙 돌며 줄줄이 나아가는 굉장히 유동적인 구조로 되어 있다. 형체들 중 일부는 위아래가 거꾸로 뒤집혀 있다. 폴록의 〈수호자〉에 등장하는 형체들도 대부분이 거꾸로 뒤집혀 있다.

거꾸로 뒤집힌 세계는 시대를 초월한 축제의 정신을 암시한다. 오래된 기성 질서가 전복되는 때를 말이다. 시간이 흐르면서 폴록의 드립 페인팅이 가진 충격적 가치는 사라졌어도 위아래가 뒤집힌 그라피티풍 형체들은 여전히 유럽 미술과, 유럽 미술에 나타나는 고상한 인체 이미지들을 조롱하고 있다. 이런 원시적 몸짓은 전후 시대에 특히 어떤 반향을 불러왔다. 홀로코스트 이후 인간을 어떻게 그려야 하는가라는 난제에 직면했던 독일 화가 게오르크 바젤리츠Georg Baselitz도 자기 그림 속 형상들을 위아래를 거꾸로 뒤집어 그렸다.

〈수호자〉에 나타나는 이질적인 요소들은 엄격한 구도에 의해 통합된다. 즉 바깥쪽에 있는 두 개의 형상이 안쪽 장면의 틀이 된다. 피카소가 〈게르니카〉에서 사용한 구도를 그대로 되풀이하고 있는 부분이다. 그러나 피카소 작품 속 형상들이 전쟁의 참상을 드러내고 있다면 폴록의 수호자들은 내면세계를 보호하는 역할을 하고 있다. 인디언 암벽에 층층이 새겨진 그림문자들처럼 여기서도 인간을 나타내는 상징들은 평면 위에서 영원히 결속되어 있다.

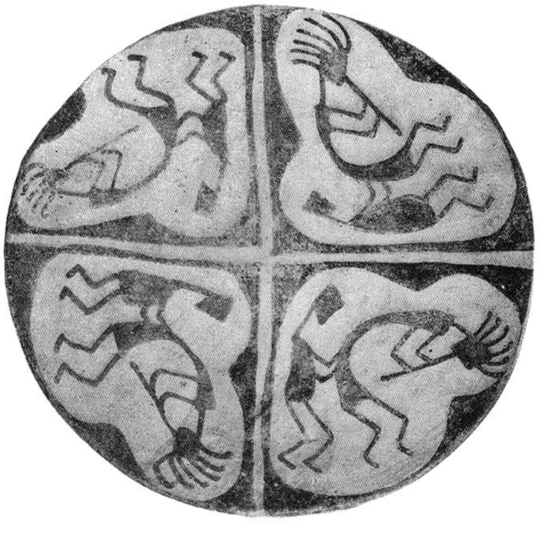

도기 그릇, 호호캄Hohokam,
남부 애리조나.
지름 27.3 cm.
길라 푸에블로 컬렉션
Collection Gila Pueblo,
글로브, 애리조나.

## 페기

1941년에 뉴욕의 괴짜 상속녀 페기 구겐하임이 22년 동안의 유럽 생활을 마치고 고향으로 돌아와 웨스트 57번 가에 초현대적인 박물관/미술관을 열었다. 부자로 유명한 페기는 '하루에 그림을 하나씩' 사길 좋아했다.

페기는 미술품 수집만큼이나 성생활로도 유명했다. 악명 높은 '감자' 코에도 불구하고 연인이 천 명 이상이었다는 소문이 돌았다. 페기와 자려면 머리에 봉지라도 씌워야 할 거라는 말을 폴록이 했다는 이야기가 있다. 한번은 남편이 몇 명이었냐는 질문에 페기는 이렇게 대답했다. "내 남편이요? 아니면 다른 여자들 남편이요?"

1943년에 폴록은 페기에게 〈속기사Stenographic Figure〉를 페기가 여는 스프링 살롱Spring Salon 전에 출품하게 해달라고 부탁했다. 페기는 거절했다. 그러면서 화가이자 절친한 친구인 피에트 몬드리안Piet Mondrian에게 "이 젊은이에겐 심각한 문제들이 있다… 그림이 그 중 하나다."라고 말했다. 그러나 몬드리안은 이 말에 동의하지 않았다. "내 생각엔 여기서든 유럽에서든 실로 오랜만에 본 가장 흥미로운 그림인 것 같다."고 그는 말했다. 몬드리안의 말에 설득당한 페기는 평소 자기답게 한 술 더 떠, 개인전과 자기 미술관과의 계약을 약속하는 호기까지 부렸다. 또 폴록에게 자기 집 현관 입구 홀에 걸 벽화를 의뢰하기도 했다.

후원자 확보는 아주 중요한 일이었다. 그러나 페기는 특유의 매사 무사태평한 경박한 성격 덕분에 냉혹한 면이 있었다. 폴록이 삶의 의미와 씨름할 때 페기의 마음은 딴 데가 있었다.

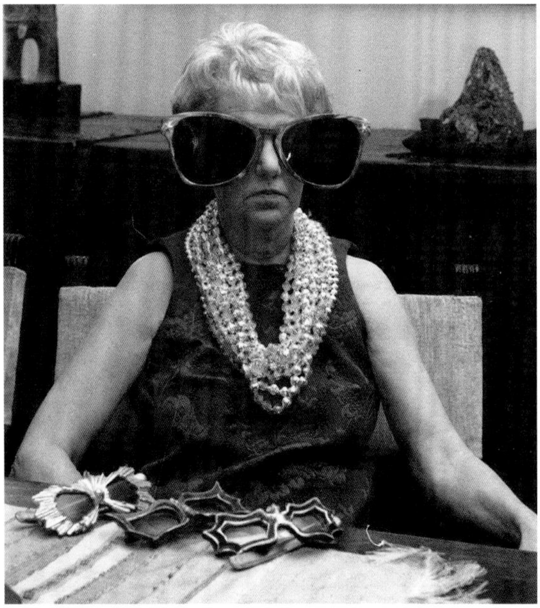

페기 구겐하임과 페기의 안경 소장품, 베니스, 1962.

## 공간 공포: 〈벽화Mural〉, 1943

* 빈 공간 또는 여백에 대한 공포심. 특히 미술 작품에서는 빈 공간을 참지 못하고 반드시 빠짐없이 채워야만 하는 결과로 나타난다.

페기의 친구이자 선구적인 개념 미술가 마르셀 뒤샹Marcel Duchamp은 페기가 의뢰한 벽화를 이동 가능하도록 이젤에 얹어서 그릴 수 있는 크기의 그림으로 만들길 권했다. 작품을 완성한 후에 구겐하임 미술관에서 열리는 폴록의 첫 개인전 개관 때까지 원래 자리인 페기의 집에 걸어둔다는 계획이었다.

형 찰스에게 보낸 편지에서 폴록은 이 프로젝트를 '굉장히 신나는 일'이라고 표현했다. 대략 2.5×6미터인 캔버스 크기에 맞추기 위해 자기 아파트 벽을 허문 후에 그는 아무것도 없는 텅 빈 캔버스만 노려보며 몇 달을 허송세월했다. 개인전 날짜가 다가오면서 너무나 우울해진 그는 술을 마구 마셔대기 시작했다. 그러는 동안 페기는 심통을 부리며 계속 전화를 해댔다. 작품을 보내기로 한 전날 밤까지도 아무것도 해놓은 게 없었던 것으로 보인다. 다음 날 아침 크래스너는 친구에게 이렇게 말했다. "무슨 일이 일어났는지 말해도 믿지 못할 거야. 잭슨이 그림을 완성했어."

아버지와 그랜드캐니언에서 도로 부설 일을 할 때처럼 노동은 그에게 해방이었다. 친구이자 시인인 프랭크 오하라Frank O'Hara는 어떻게 '그림의 크기가 화가의 신체 크기가 되었는지… 화가가 가진 육체적 에너지가 화폭 위에 완전하고 철저하게 전폭적으로 작용하는지'를 깨달았다.

폴록의 작업 과정은 화면 전체를 빈틈없이 메운 〈벽화〉의 역동적 구성에 그대로 아로새겨져 있다. '공간 공포Horror Vacui'* 는 빈 공간에 대한 공포다. 의식 무용처럼 손에 페인트 통을 들고 폴록은 붓과 일체가 되어 움직였다. 발끝으로 서 있는 그림 속 인물은 그렇게 한 번의 붓질로 단숨에 그렸다. 인물들이 연이어 나타나 캔버스를 가로지르고, 청록색과 노란 색 획들은 겹겹이 덧칠되어 있었다.

## 급진적 미술

영향력 있는 미술 평론가 클레멘트 그린버그Clement Greenberg는 이 작품을 보자마자 폴록이 "이 나라가 배출한 가장 위대한 화가"라는 결론을 내렸다. 마르크스주의자이자 교조적인 형식주의자formalist였던 폴록은 선과 색채 같은 추상적 특징들을 특히 중시했다. 그러나 〈벽화〉는 형태에 대한 객관적 분석과는 거리가 멀다. 〈벽화〉는 암시적 의미들이 풍부한 격정적인 작품이다.

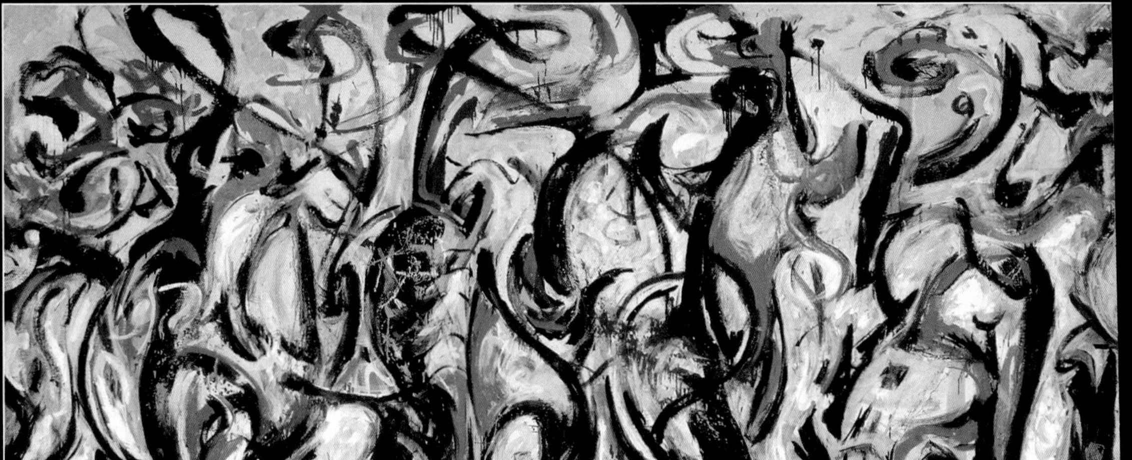

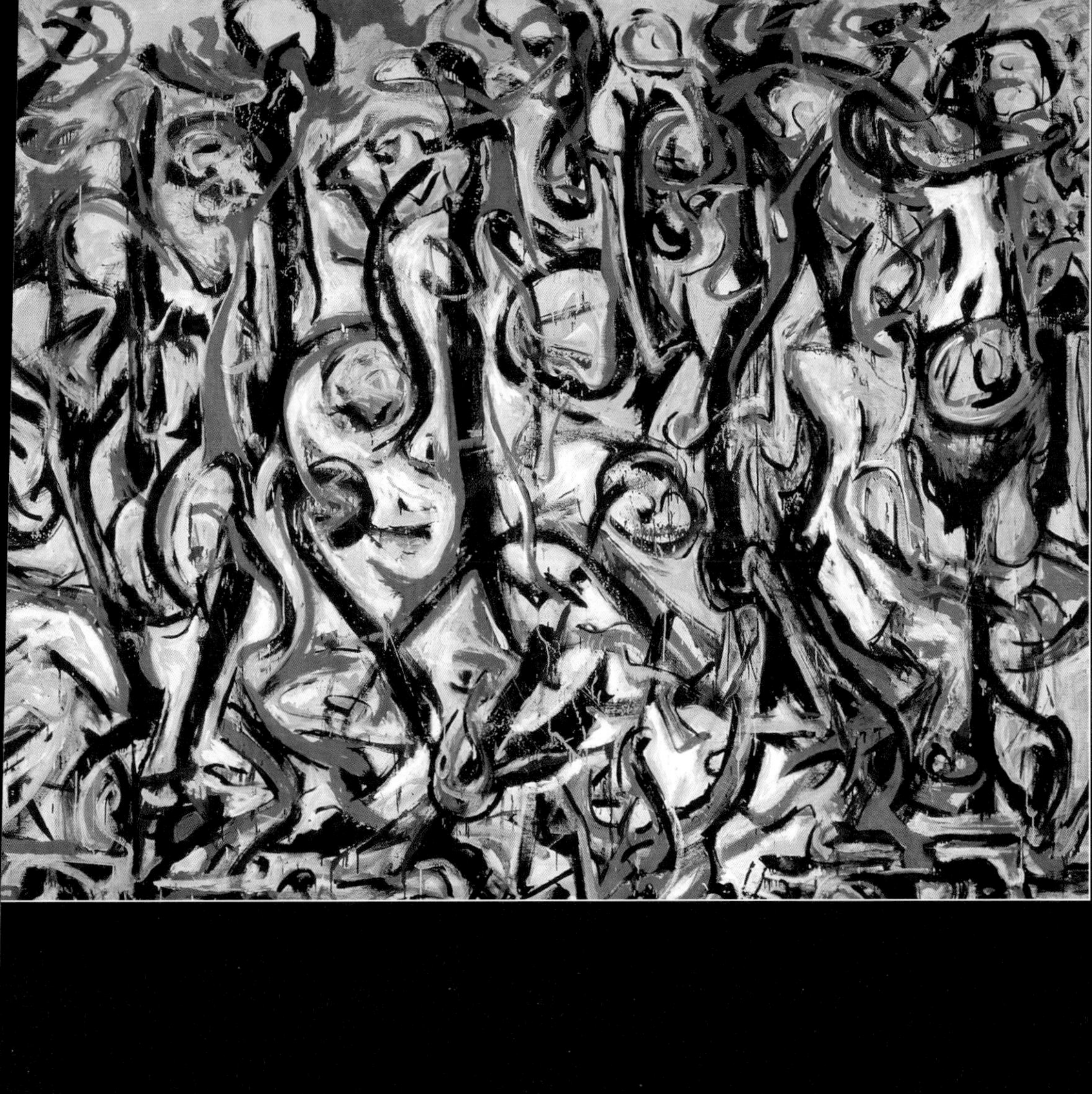

벽화
*Mural*

잭슨 폴록, 1943

캔버스에 유채, 2.47 × 6.05 m
아이오와 대학교 미술관, 대븐포트
페기 구겐하임 기증 (1959.6)
아이오와 대학교 승인 하에 복제

## 평원의 사냥꾼

영향력 있는 비평가이자 화가이자 시인인 앙리 미쇼Henri Michaux는 1944년에 피카소의 괴물들은 이제 질릴 대로 질렸다면서 다른 길들로 나아가 다른 괴물들을 찾아야 할 때라고 선언했다. 분명 〈벽화〉는 이런 식의 기대에 부응하는 작품이다. 미국 미술 평론가 어빙 샌들러Irving Sandler는 폴록이 피카소의 "닫힌 형식closed forms*을 '분쇄해서' 곡선적 리듬으로 표면에 흩뿌려 놓았다."고 썼다. 야수 같이 난폭하게 날뛰는 에너지가 분출한다. 즉 실물 크기의 캘리그래피적 형태들이 캔버스를 가로질러 돌격하고 원초적 색깔들이 작렬한다.

* 필요한 모든 시각적 요소가 엄격하게 정해진 형태를 갖게 하고 정교한 균형을 이룬 구도에 담아서 그 자체로 자족적인 장면을 제시하는 강한 자의식을 가진 스타일. 윤곽이 부정형이거나 불규칙하거나 깨져 있고 그림이 정해진 형식을 벗어나 어떤 변해가는 과정에 있는 스타일인 열린 형식open forms과 반대다.

캔버스의 폭은 유타 벽화30-31쪽을 볼 것의 폭보다 길고, 한편 호호캄 꼽추들33쪽을 볼 것을 확대한 것처럼 보이는 생동감 넘치는 형체들은 폭발적인 에너지에 휩싸여 있다. 작업을 시작하기 전에 폴록은 이런 환영을 보았다. '미국 서부의 온갖 동물들, 소, 말, 영양, 들소들이… 떼를 지어 우르르 몰려갔다. 모든 게 망할 캔버스 위를 돌격하고 있다'

어릴 때 폴록은 끊임없는 변화를 겪었다. 1941년에 열린 뉴욕 현대미술관 전시회가 그런 방랑 혼을 다시 일깨웠는지도 모른다. 이 전시회에서 '평원의 사냥꾼'을 주제로 한 전시실들은 '방랑하는 유목민들'의 자유와 기동성을 찬미하고 있었다. 전시회 도록에서는 그들의 장식미술이 취한 형태가 본질적으로 유목민으로서의 생활방식과 밀접한 연관이 있다고 주장했다. '말을 타고 빠르게 이동하는 것도 깃털과 술을 장식으로 사용하게 된 동기였다. 이런 것들은 바람에 휘날릴 때 가장 효과가 좋기 때문이다' 〈벽화〉에 나오는 장식적인 형태들은 그런 사냥꾼과 같은 충동에 사로잡히게 한다. 폴록이 이 도록을 읽었는지는 알 수 없다. 그러나 전시회를 보았던 것만큼은 분명했다.  이 전시회에는 사냥감을 좇아 황야를 달리는 말을 탄 사냥꾼들이 그려진 쇠가죽도 전시되었다.

## 방 안에서 여자들이 오고 간다.<br>미켈란젤로에 대해 이야기하면서<br>-T. S. 엘리엇

매사 심드렁하게 성의가 없었던 페기는 벽화를 받을 때도 집에 붙어 있지 않았다. 그래서 폴록은 미술관으로 페기에게 계속 전화를 걸어야 했다. 결국 뒤샹의 도움으로 겨우 그림을 벽에 걸 수 있었다. 남자 두 명이 벽 크기에 맞게 캔버스 양쪽을 20cm 씩 잘라내야 했던 것으로 추정된다. 그러는 동안 페기의 룸메이트는 파티를 벌이고 있었다. 현관 입구 벽에 걸린 그림에는 아무도 관심을 보이지 않았다. 이런 냉대에 마음이 상한 폴록은 혼자 술을 퍼마시다 만취해버렸다.

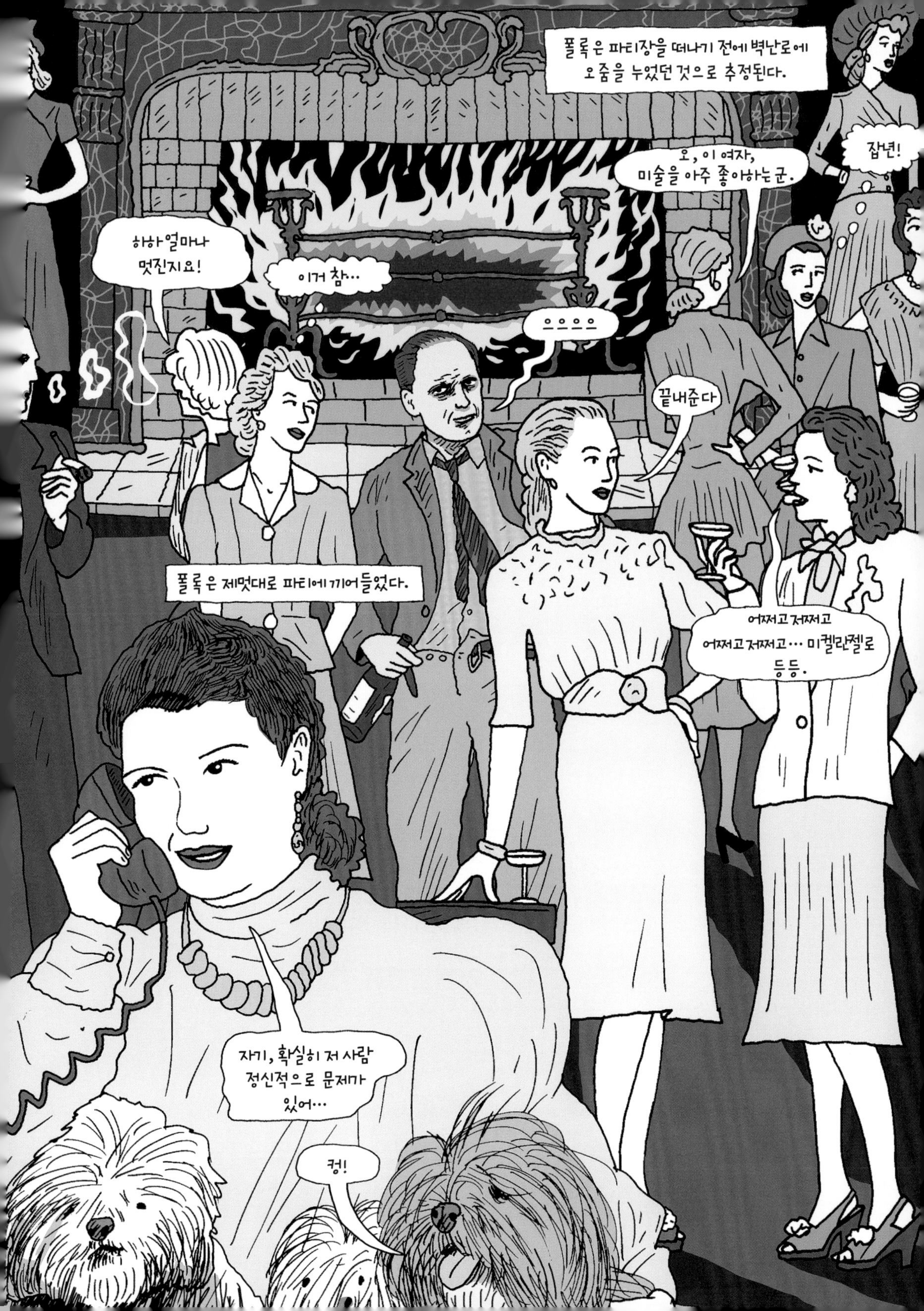
폴록은 파티장을 떠나기 전에 벽난로에 오줌을 누었던 것으로 추정된다.
잡년!
오, 이 여자, 미술을 아주 좋아하는 군.
하아 얼마나 멋진지요!
이거 참…
으으으으
끝내준다
폴록은 제멋대로 파티에 끼어들었다.
어쩌고 저쩌고 어쩌고 저쩌고… 미켈란젤로 등등.
자기, 확실히 저 사람 정신적으로 문제가 있어…
컹!

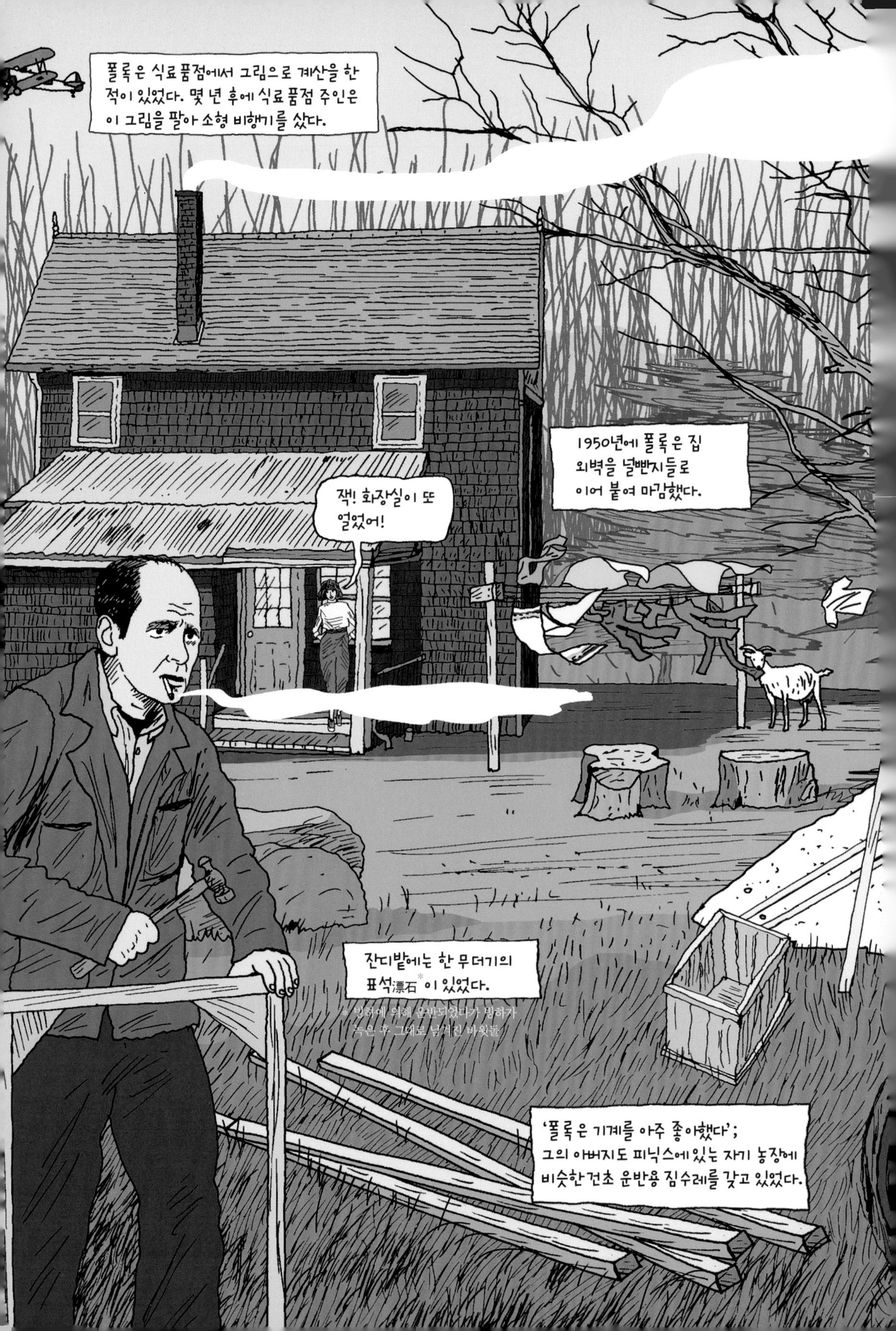
폴록은 식료품점에서 그림으로 계산을 한 적이 있었다. 몇 년 후에 식료품점 주인은 이 그림을 팔아 소형 비행기를 샀다.
1950년에 폴록은 집 외벽을 널빤지들로 이어 붙여 마감했다.
잭! 화장실이 또 얼었어!
잔디밭에는 한 무더기의 표석漂石* 이 있었다.
* 빙하에 의해 운반되었다가 빙하가 녹은 후 그대로 남겨진 바윗돌
'폴록은 기계를 아주 좋아했다'; 그의 아버지도 피닉스에있는 자기 농장에 비슷한건초 운반용 짐수레를 갖고 있었다.

## 1945년~1956년, 스프링스

1945년에 리와 잭슨은 뉴욕 시를 떠나 롱 아일랜드 스프링스에 목재로 지은 농가를 샀다. 배관시설이 없었고 유일한 열원은 부엌 오븐뿐이어서 처음 맞이한 겨울은 혹독하게 추웠다. 신혼부부는 열심히 일해서 이곳을 정비했다. 집밖에서 폴록은 아내와 거래를 했다. "당신이 물을 주고 잡초를 뽑으면 내가 땅을 파고 작물을 심을게."

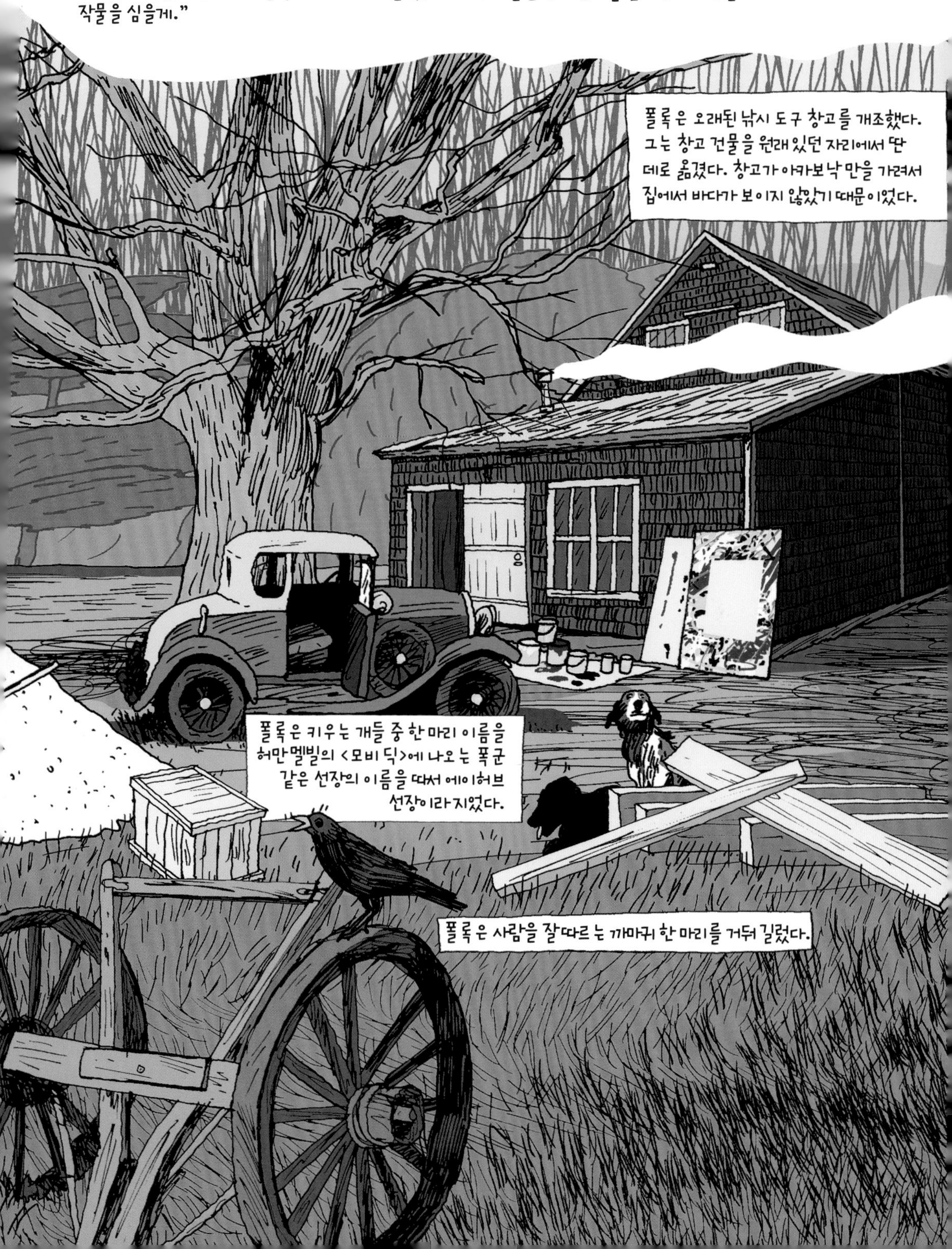

## 위안이 되는 평범함

크래스너가 잭슨에게 그의 음주벽 때문에 얼마나 괴로운지 이야기하자 그는 이렇게 대답했다. "그저 폭풍우려니 해. 곧 지나갈 거야."

스프링스에서 폭풍우는 그치고 오랫동안 평온한 시기가 이어졌다. 리에 따르면 "1948년에서 1950년까지 잭슨은 술을 한 방울도 입에 대지 않았다." 폴록은 헬러란 이름의 젊은 의사에게 상담을 받기도 했다. 헬러는 세련된 분석을 해주진 않았지만 폴록은 리에게 이렇게 말했다. "정직한 친구야. 그 친구라면 믿을 수 있어." 뉴욕의 화려함은 서서히 멀어져갔고 대신 평범함이 그들의 삶을 채워나갔다. 리가 이렇게 회상했듯이 말이다. "우리는 요리를 하고 통조림을 만들고 정원을 가꿨다." 잭슨도 자기 작업이 나아가는 방향에 만족했다. "내심 그림으로 먹고 살기 시작할 수 있다는 자신감이 생겼다."

오래지 않아 스프링스는 활기찬 예술가 공동체의 보금자리가 되었다. 그러나 잭슨은 지역주민들과 시간을 보내길 더 좋아했다. 그는 동네 가게 주인인 대니얼 밀러와 친구가 되었다. 밀러는 폴록이 '기만, 즉 거품에서 벗어나 스스로 파도에 맞서기 위해' 뉴욕을 떠났다는 것을 잘 알고 있었다. 밀러는 자기 친구가 본심은 '아주 굉장히 보수적인 사람'이라는 것을 꿰뚫어보았다. 뉴욕이 폴록을 자기가 낳은 반항아로 받아들였다면 스프링스에서 그는 평범한 남자였다.

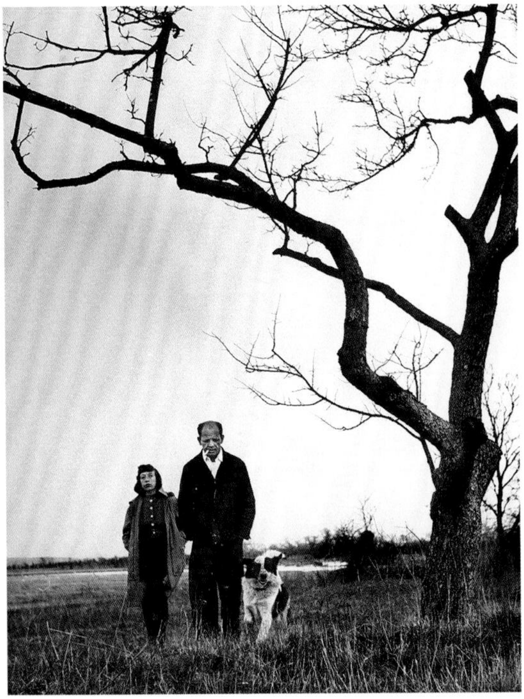

잭슨 폴록과 리 크래스너, 스프링스, 1949.

## 범신론자의 등장

* 남유럽과 소아시아 지중해 연안이 원산지인 산형화목 미나릿과의 여러해살이 식물. 유럽 전역에서 자생하고 재배도 되며 후에 영국과 북미지역으로도 전해졌다. 향신료나 약용, 채소로 두루 쓰인다.

스프링스는 을씨년스러운 황량한 아름다움을 가진 곳이었다. 평원의 낮은 지평선 덕분에 땅 위에 걸리는 것 하나 없이 하늘이 끝없이 펼쳐진다. 거칠 것 없는 바람이 습지대를 훑고 지나간다. 폴록은 조약돌이 깔린 해변과 망망대해로 이어지는, 집 뒤편에 어지러이 흩어져 있는 거친 모래 언덕들을 사랑했다. 리와 잭슨은 해변으로 긴 산책을 나가곤 했다. 그는 눈이 모래를 뒤덮은 겨울철 해변 풍경을 좋아했다. 한 친구는 후에 이렇게 회상했다. "땅과 하늘과 날씨는 [잭슨이] 가장 좋아했던 모든 것이었다."

폴록은 이 지역에서 빙하가 마지막 빙하기 때 남기고 간 거대한 화강암 바위들을 발견했다. 그는 바위들을 자기 집 잔디밭 한복판까지 끌고 왔다. 바위들은 깔끔하게 정돈된 잔디밭에 위압감을 드리우며 우뚝 서 있다.

폴록의 자연에 대한 인식은 지두 크리슈나무르티의 범신론적 시각12쪽을 볼 것에 의해 형성되었다. 폴록은 크리슈나무르티에 대해 자주 이야기했고, 많은 사람들이 폴록의 세계관을 대단히 포괄적이라고 지적하기도 했다. 때로 그의 주택 개조는 자연과의 협업 같은 느낌을 주기도 했다. 그는 조류에 의한 퇴적물을 좀 더 멀리 끌어와, 거실을 울퉁불퉁하고 비틀린 목재와 녹슨 닻, 조약돌로 꾸몄다. 또 집을 삼나무 재목으로 지어 주변 환경과 잘 어우러지게 했다.

특히 스프링스 시절과 깊은 관련이 있는 게 초월주의 사상이다. 풀숲이 무성한 물가에 위치한 폴록의 오두막은 월든 호숫가에서 지낸 소로의 삶을 그대로 따르고 있기 때문이다. 폴록이 자연의 리듬에 스스로 녹아 든 방식은 월트 휘트먼의 시에 나타난 강렬한 폐소공포증적 특징을 보여준다. 휘트먼의 '나 자신에게 부치는 노래Song to Myself'는 폴록이 스프링스 시절에 제작한 유화들에 대한 훌륭한 소개가 된다.

> 내 숨결에서 피어오르는 김,
> 메아리, 잔물결, 두런거리는 속삭임, 러브루트love-root*, 비단실, 나무 아귀, 덩굴;
> 내 날숨과 들숨, 내 심장 고동, 내 폐를 드나드는 피와 공기;
> 초록 잎과 마른 잎의 냄새…
> 건강한 기운, 한낮에 새들이 지저귀는 소리, 침대에서 일어나 태양을 맞이하는
> 나의 노래.

## 방향 전환

1946년에 폴록은 헛간을 화실로 개조해 〈희미하게 빛나는 물질Shimmering Substance〉을 거기서 그렸다. 작품은 휘트먼이 말한 '건강한 느낌, 한낮에 새들이 지저귀는 소리, 침대에서 일어나 태양을 맞이하는 나의 노래'와 같은 분위기를 갖고 있다. 색색의 소용돌이들이 등장하는 활기찬 화면과 흰 색, 샛노란 색, 선홍색처럼 봄처럼 화사한 색채 구성은 말할 것도 없이 폴록의 한결 좋아진 심리 상태를 반영한다. 작품은 그가 새롭게 나아갈 방향을 보여주고 있다.

이 칩거기에 폴록은 방향 전환에 나섰다. 예전의 상징적 형식들에 불만을 느꼈기 때문에 보편적 주제, 원시 미술과의 연관성, 무의식 상징 모두가 그의 그림에서 사라졌다. 〈희미하게 빛나는 물질〉은 물질세계는 실체가 없다는 철학자 마셜 버먼Marshall Berman의 논지를 시각적으로 명확히 표현하고 있다.

〈희미하게 빛나는 물질〉의 임파스토impasto* 된 표면은 원초적인 아름다움을 보여준다. 폴록은 물감을 캔버스에 바로 짠 후 율동적으로 작업했다. 때로는 붓대 끝으로 물감을 둥글게 긁어서 소용돌이치는 형태를 만들어내기도 했다. 이런 즉흥적 표현들은 자유롭지만 일반적으로 생각하듯이 결코 임의적이거나 우연적인 건 아니었다. 존 그레이엄은 이런 화가 특유의 표현을 가수의 음성에 비유했다. "표현하려는 내용이 달라질 때마다 다른 식으로 내려갔다 올라가고, 울림도 변했다."

* 물감을 두텁게 칠하는 것

폴록은 동네 친구에게 설명했듯이 그림을 그릴 때 자연의 리듬을 따랐다. "그런 강의 소리에 귀 기울여 본 적 있나? 그러면 내가 무슨 말을 하려는 건지 알 수 있을지도 몰라." 〈희미하게 빛나는 물질〉은 '한낮에 새들이 지저귀는 소리'를 담아내고 있다. 즉 따뜻하게 금빛으로 빛나는 둥근 태양이 한낮 특유의 무지갯빛으로 우리를 감싸는가 하면 단속적인 붓놀림은 강렬한 열기에서 피어오르는 시각적인 '아른거림'을 암시한다.

## 페기가 떠나다

2차 세계대전 후에 막스 에른스트와 서둘러 이혼수속을 마친 페기는 뉴욕 미술관의 문을 닫고 유럽으로 돌아갔다. 페기는 폴록을 하루 빨리 떼어내고 싶어 안달이었다.

갤러리 주인인 베티 파슨스Betty Parsons는 폴록의 작품을 사랑했다. 그러나 파슨스 역시 폴록을 신뢰하진 않았다. 파슨스는 페기가 계약을 이행해서 폴록에게 합의된 기한까지 매달 급료를 지불한다는 조건으로 폴록을 대리하기로 했다. 베네치아에서 페기는 폴록의 그림 값이 치솟는 것을 지켜보았다.

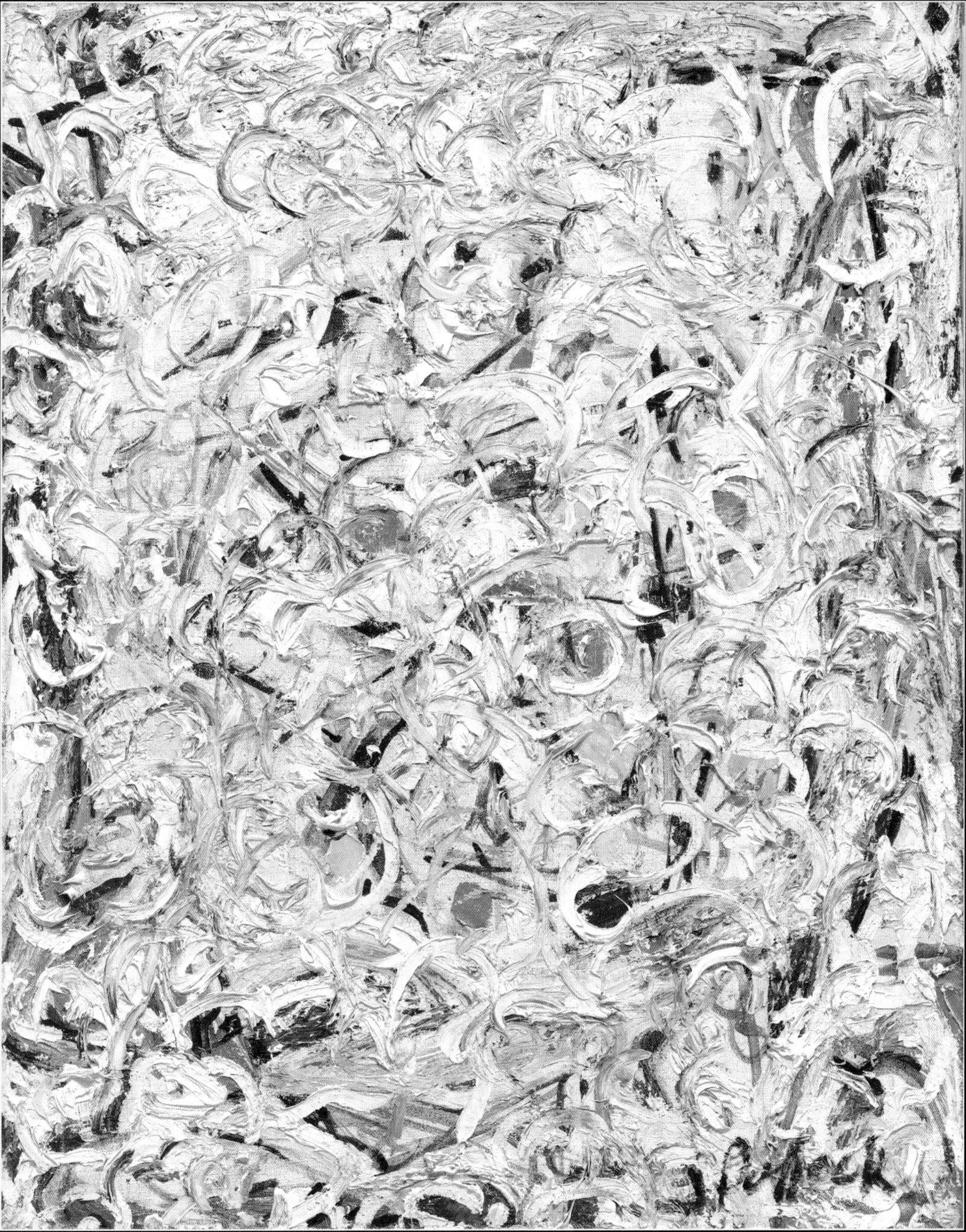

희미하게 빛나는 물질

*Shimmering Substance*

잭슨 폴록, 1946

캔버스에 유채, 76.3 × 61.6 cm
현대미술관, 뉴욕
앨버트 르윈 부부와 샘 A 르위슨 부인 기금 (6.1968)

## 바닥에서

1947년에 폴록은 작업 방식을 완전히 바꾸었다. 이런 작업 과정을 낱낱이 보여주고 있는 〈희미하게 빛나는 물질〉에 나타난 물감을 칠하는 감각적인 방식을 보면 이런 새로운 작업 방향을 예측할 수 있다. 폴록은 바닥에 캔버스를 펼쳐 놓은 후 전통적인 유화 물감을 쓰지 않고 가정용 페인트로 실험을 시작했다. 그는 매우 묽은 액상인 가정용 페인트를 캔버스 표면에 튀기고 똑똑 떨어뜨리고 부었다.

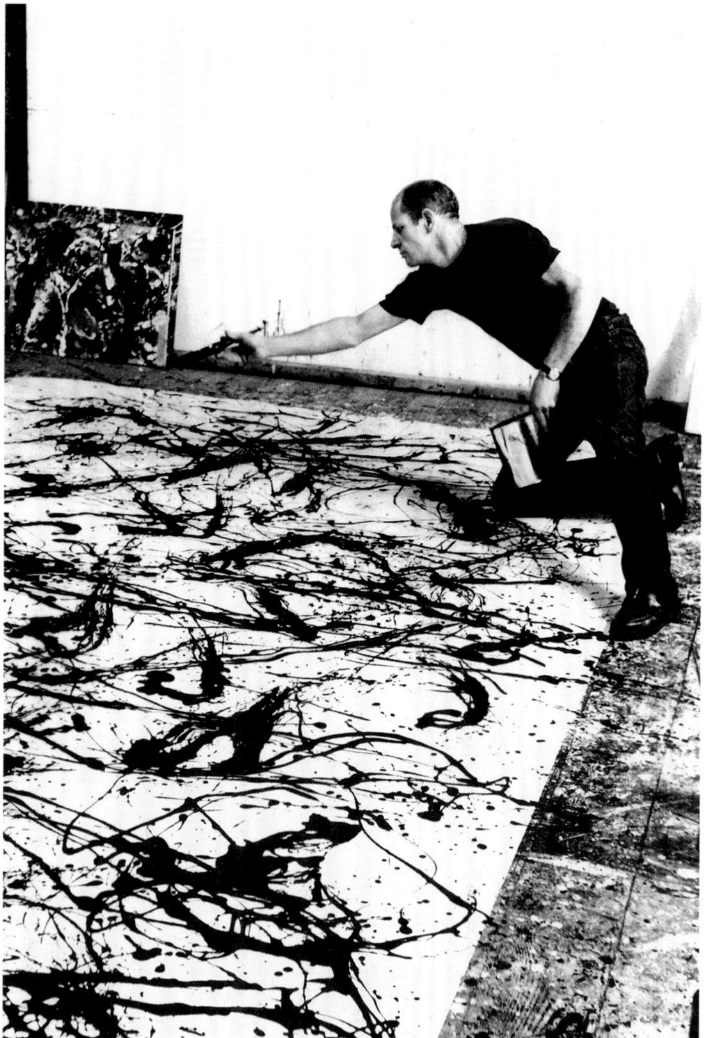

화실에서 작업 중인 잭슨 폴록,
스프링스, 1950년 여름.

## 폴록이 말하다

1947년 겨울에 폴록은 미술 잡지 〈가능성Possibilities〉에 글을 기고했다. 공개적으로 발언하길 언제나 꺼렸던 그였기 때문에 아주 귀중한 자료인 이 작가노트에서 그는 새로운 작업 방식에 대해 아주 명쾌한 설명을 제공한다. 기사는 동료 화가인 로버트 마더웰Robert Motherwell과 평론가 해럴드 로젠버그Harold Rosenberg가 편집했다.

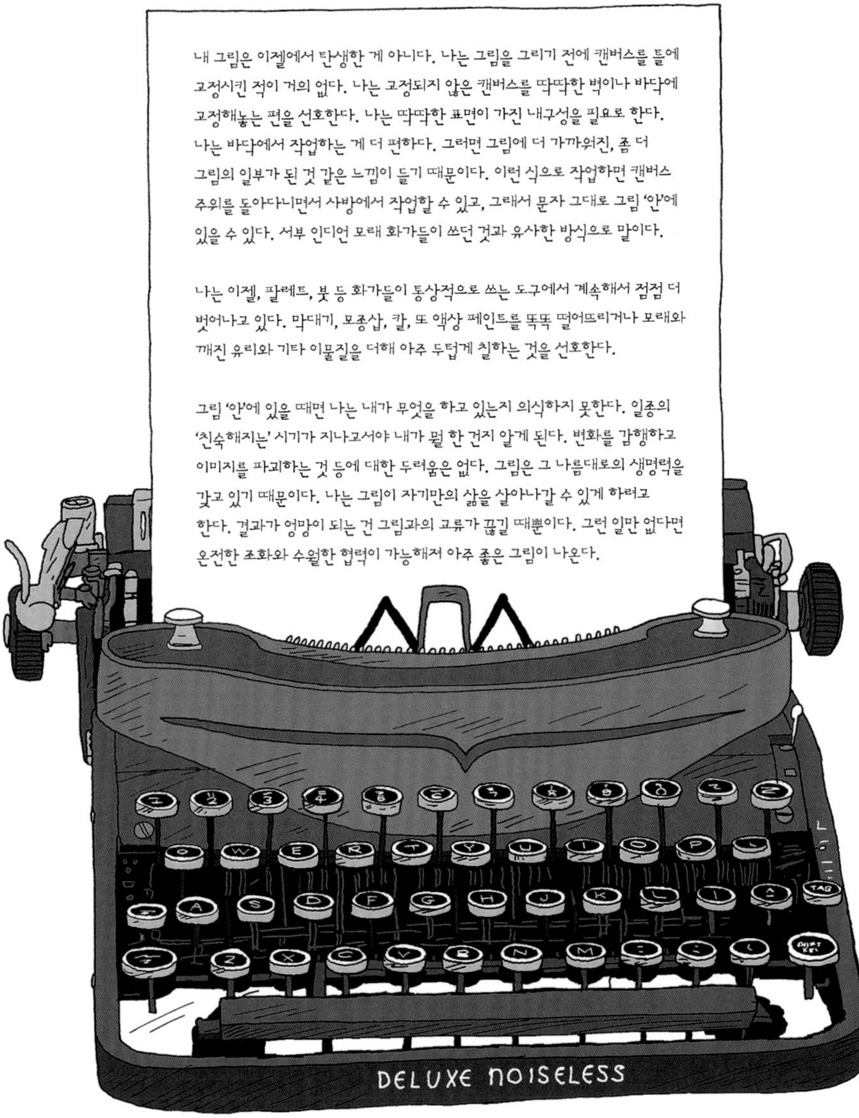

## 드립 페인팅이 등장하다

잡지에 투고한 글에서 폴록은 '액체를 똑똑 떨어뜨리는 것'을 언급한다. 바로 이 도발적인 '드립drip' 방식이 그를 대표하는 화법이 된다. '똑똑 떨어뜨린 액체'는 잠시 동안 공중으로 날아가며 자유낙하해서 화가는 표현 수단과 접촉이 끊긴다. 마크메이킹mark-making*을 진실성authenticity의 특징으로 보는 개인에 집착하는 문화에서 그런 자유낙하 방식은 도발적이다. 이건 난장판인가? 유치한 분탕질인가? 폴록 자신조차 이렇게 자문할 수밖에 없었다. '이게 과연 그림인가?'

* 화가가 미술 작품 표면에 물감이나 잉크나 펜이나 붓 등 무엇으로든 선과 패턴, 질감을 표현하는 것

## 별 같은 아름다움

〈북두칠성의 반영Reflection of the Big Dipper〉에서는 윤기 나는 검정색 에나멜페인트를 생동감 넘치는 얼룩덜룩한 화면에 뚝뚝 떨어뜨려 놓았다. 때로는 페인트가 쭉 흘러나와 화면을 가로지르기도 하고, 때로는 작게 고여서 어두운, 칠흑 같은 색의 후드득 떨어진 자국을 만들기도 한다. 이 작품의 제목은 우주, 그 중에서도 밤하늘에 떠 있는 별 무늬를 떠올리게 한다.

무한한 공간을 경험하는 일은 폴록에게 반향을 불러일으켰다. 그는 스프링스에서 접한 외해와 서부의 광활한 풍경을 동일시했다. 1950년에 윌리엄 라이트William Wright와 가진 WERI 라디오 인터뷰에서 그는 화가가 자신이 살아가는 시대의 목표를 표현해야 할 필요성에 대해 설명하면서, '비행기, 원자폭탄, 라디오'를 자기 시대의 상징들로 꼽는다. 몇 년 후에 사회 이론가 마셜 매클루언은 변화를 가져오는 전자기기의 힘에 대해 설명한다. 매클루언은 전자기기가 경계를 소멸시켜 인간을 광대하고 무한한 세계에 살게 한다고 보았다.

무한한 공간에 대한 경험에는 비극적인 느낌도 도사리고 있을 수 있다. 〈북두칠성〉과 같은 해에 그린 폴록의 〈은하Galaxy〉에 대해 이야기하면서 역사학자 T. J. 클라크T. J. Clark는 '머나먼 우주를 잠시 들여다봤을 때와 같은 무정한 공허함unapologetic emptiness'이라고 묘사했다.

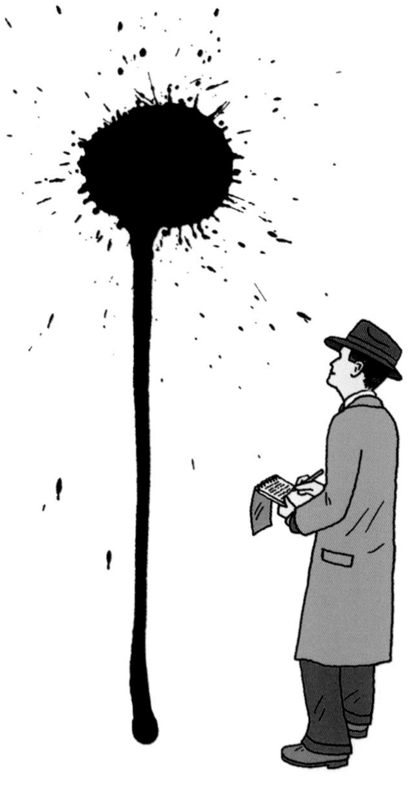

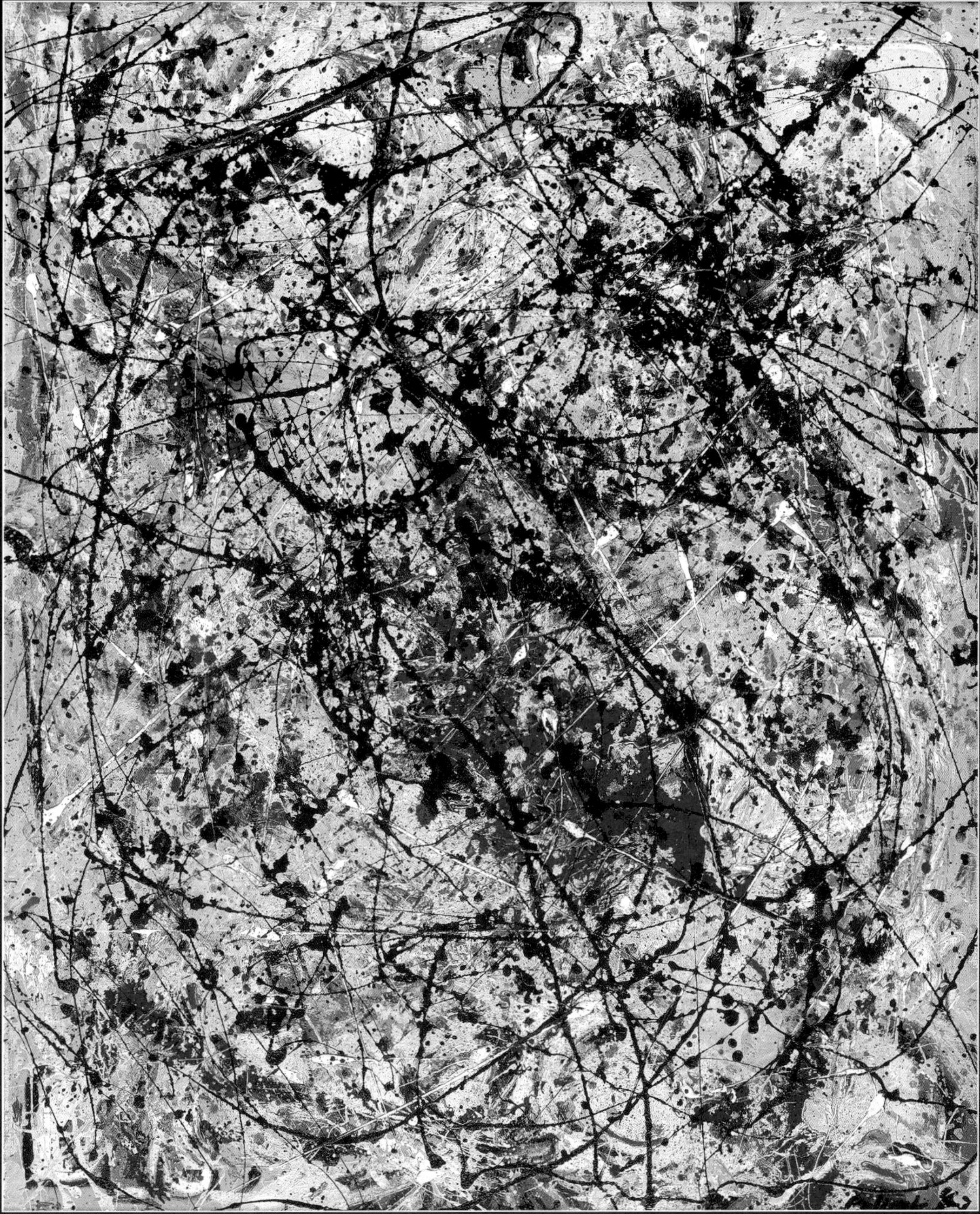

북두칠성의 반영
*Reflection of the Big Dipper*

잭슨 폴록, 1947

캔버스에 페인트, 111 × 91.5 cm
스테델레익 박물관, 암스테르담. 페기 구겐하임 기증(A2971)

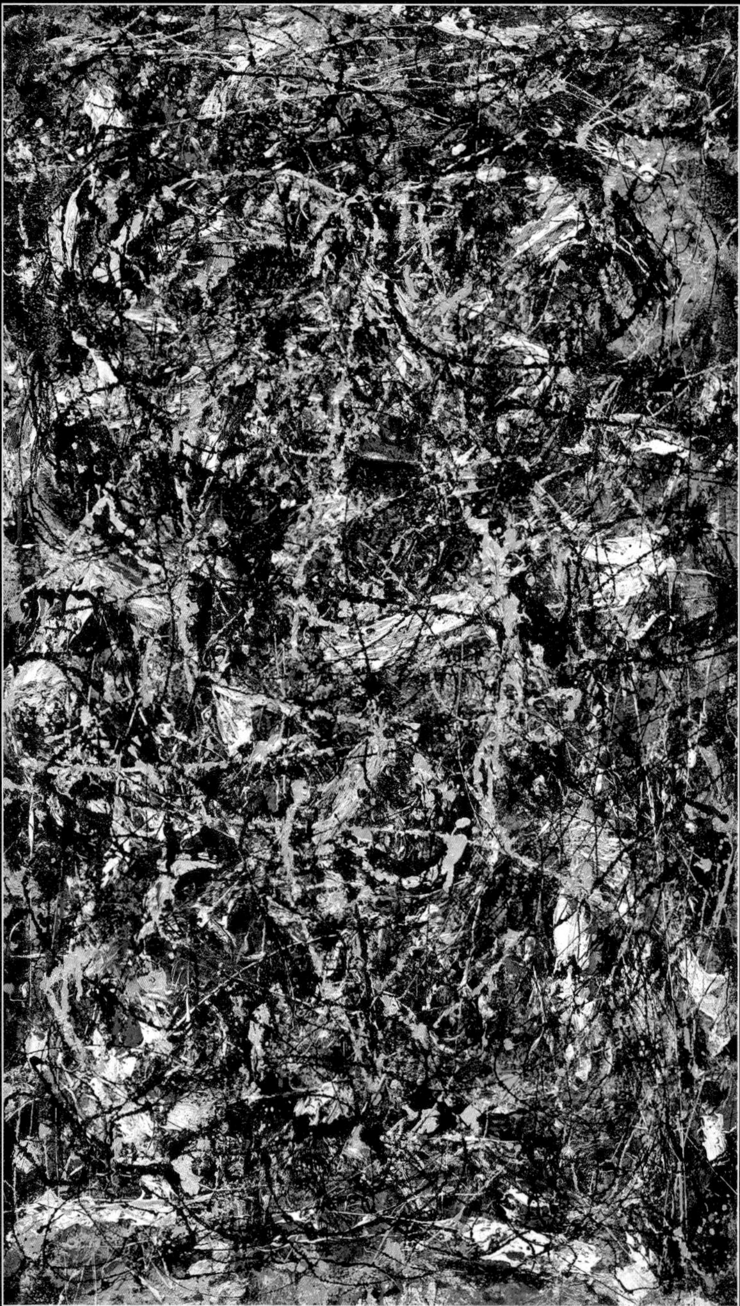

5길 깊이

*Full Fathom Five*

## 밤눈Night Vision

잭슨은 잠이 오지 않을 때면 가까운 숲속이나 조약돌 해변을 거닐곤 했다. 어둠 속에서는 눈이 잘 보이지 않아서 다른 감각들이 예민해진다. 그래서 우리는 '더듬거리며 나아가게' 되며 평소에는 알아채지 못했을 소리들이 크게 울려 퍼지는 것처럼 느껴진다. 〈희미하게 빛나는 물질〉이 한낮에 새들이 지저귀는 소리를 떠올리게 한다면 〈5길 깊이〉는 밤에 대한 작품이다. 즉 오렌지색과 노란 색이 어둠 속에서 들려오는 소리처럼 검은 화면을 날카롭게 꿰뚫는다. 타르로 뒤덮인 것 같은 화면에는 압정들, 열쇠 한 개, 물감 튜브 뚜껑들, 담배 몇 개비가 박혀 있다.

의심할 여지없이 이 작품에서 폴록이 참조한 건 일상적인 소재들을 콜라주에 집어넣었던 피카소다. 그러나 피카소의 '물건들'이 긴밀하게 구성된 야수파적 체계 안에 존재한다면 폴록의 잡동사니는 어둡고 소용돌이치는 그물망의 일부로, 어둠 속에서 더듬거리며 나아가는 느낌을 암시한다.

폴록의 작품이 가진 도발성은 급진적인 '올 오버all-over' 구성에 있다. 이런 구성은 관객에게 모험을 제안한다. 즉 관객은 어떤 패턴을 따르다가 마음을 바꿔 새로운 리듬을 탐색할 수 있다. 한 평론가는 폴록의 작품에 '시작이나 중간이나 끝'이 없다고 비웃었다. 폴록은 이런 비판을 칭찬으로 받아들였다. "내 그림은 중심이 없고 처음부터 끝까지 모든 부분이 똑같은 양의 관심에 기초해 있다." 이 점은 관람자의 초점이 가운데 소실점에 맞춰지는 르네상스 시대 원근법 체계와 극명한 대조를 이룬다. 아메리카 원주민 모래 화가들의 논리를 따른 폴록의 작품에서는 구성요소들이 이루는 균형에 의해 조화가 이뤄졌다.

폴록은 그림을 그리는 과정에서 성찰하는 시간을 갖기도 했다. 벽에 캔버스를 세워두고 잠시 동안 그림을 관찰하면서 그림이 어떤 인상을 주는지 가늠했다. 그런 다음 그림을 바닥에 눕힌 후 다시 그리기 시작했다.

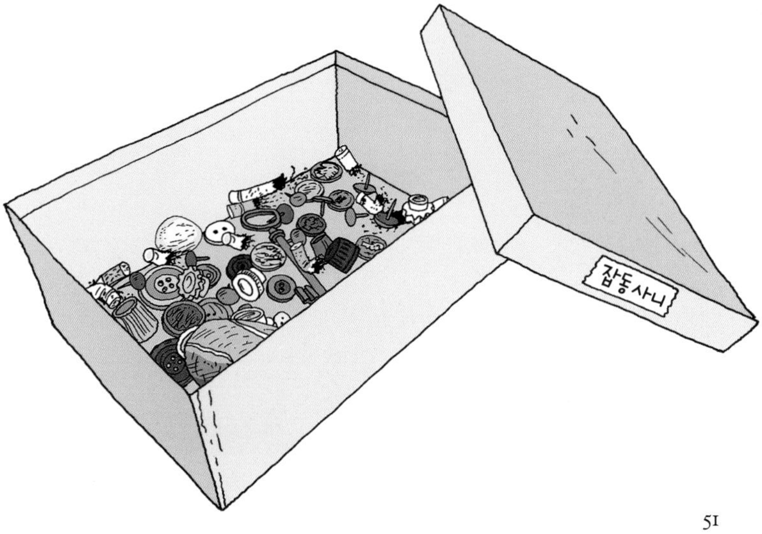

## 평론가들이 본 폴록

폴록의 올 오버 페인팅all-over painting* 은 일부 사람들의 심기를 불편하게 했다. 이게 도대체 어쩌자는 것인가? 목적이 뭔가? 1948년 가을에 〈라이프〉 지는 일단의 저명한 사상가들을 불러 모아 현대 미술의 장점에 대해 젠체하는 대담을 나누게 했다. 폴록의 〈대성당Cathedral〉이 토론의 초점이었다. 빈정거림과 심술궂은 비판이 쏟아지는 가운데 폴록을 옹호한 유일한 사람이 클레멘트 그린버그Clement Greenberg였다.

* 캔버스 전체를 처음부터 끝까지 구석구석 하나도 빈 곳 없이 꽉 채우고, 작품의 모든 구성요소가 동일한 수준의 관심과 중요성을 갖게 하는 것

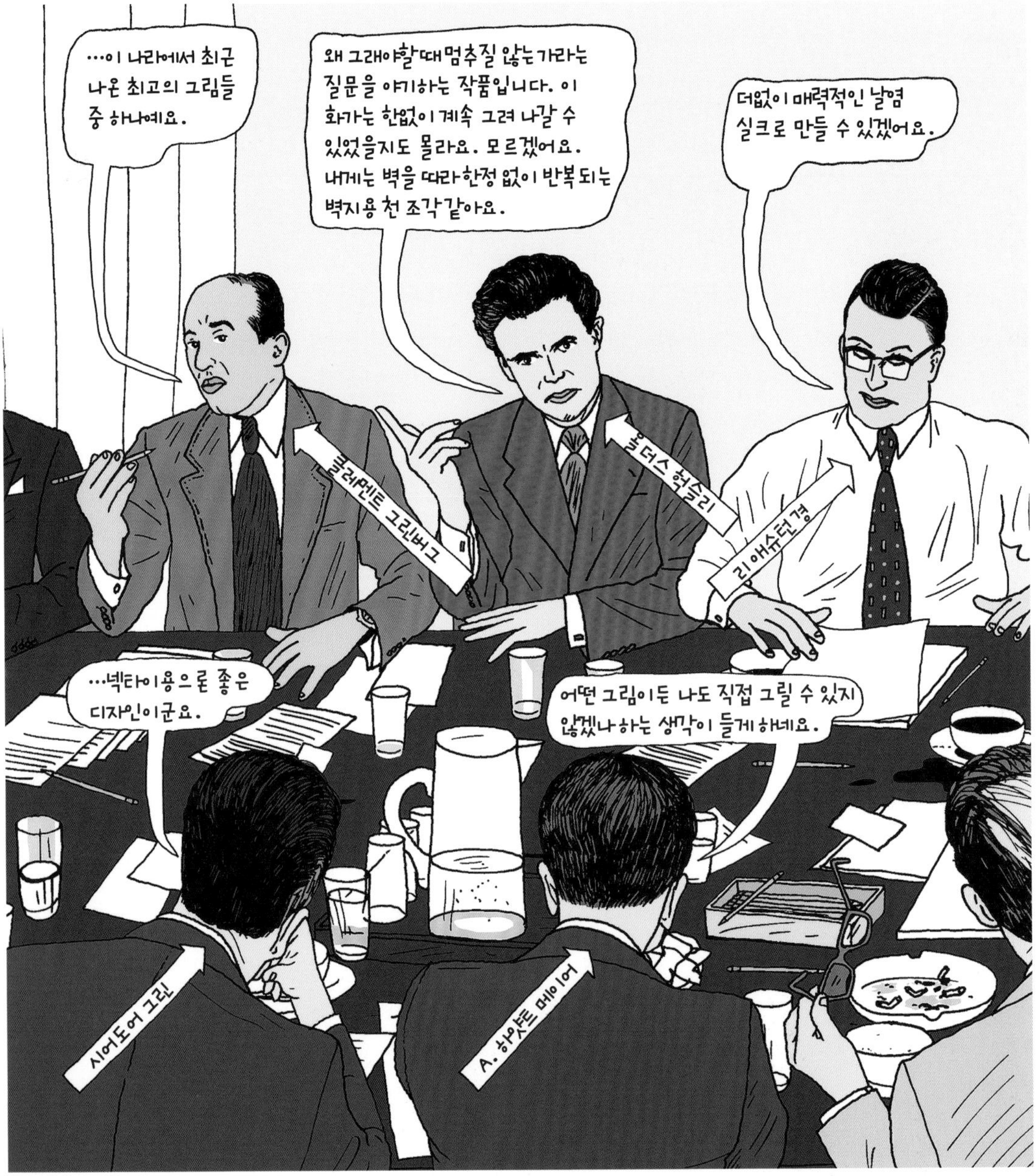

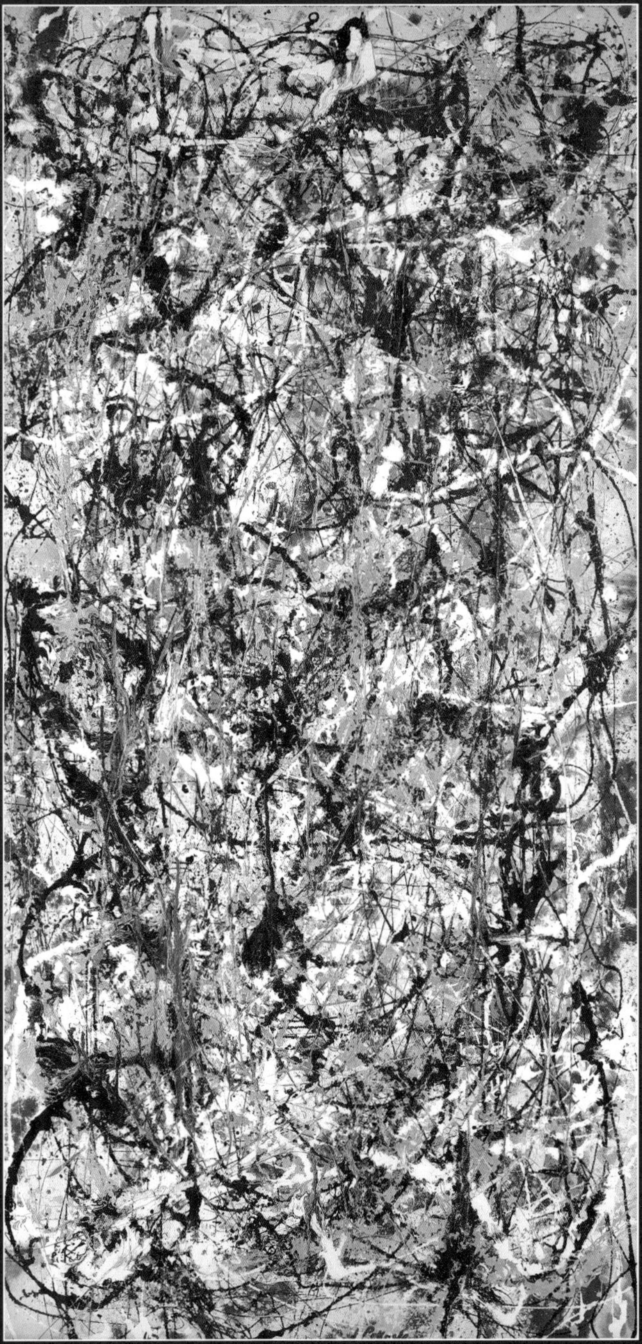

대성당

*Cathedral*

잭슨 폴록, 1947

캔버스에 에나멜과 알루미늄페인트, 181.6 × 89.1 cm
댈러스 미술관, 버나드 J. 라이스 (1950-87) 기증

## 1A 번Number 1A, 1948

한동안 폴록은 그림 제목을 없애고 캔버스에 번호를 매겼다. 리의 의견에 따르면 "숫자는 중립적이다. 사람들이 그림을 있는 그대로 보게 만든다. 순전히 그림만을 말이다." 그가 그린, 겉보기에 추상적인 형상들은 어렵게 느껴질 수도 있다. 화가인 헬렌 프랑켄탈러Helen Frankenthaler에게 이 형상들은 자신이 어쩔 도리 없이 들어가야만 했던 외국 풍경을 상징했다. "나는 거기 살아야만 했다."

폴록은 드립 기법을 훨씬 큰 규모의 작품에 이용하기 시작했다. 1.7×2.6미터 크기의 〈1A 번Number 1A〉은 인상적이다. 이젤에 얹어서 그리던 때는 손목을 움직여서 물감을 똑똑 떨어뜨렸던 반면 이제는 온몸을 썼다. 나중에 나온 사진과 영상을 보면 투박스러운 덩치 큰 사내였던 폴록이 캔버스 주위를 날렵하게 돌아다니고 쭈그리고 앉고 발끝으로 걷는 우아한 인물로 변모한 것을 알 수 있다. 그는 한 치도 허튼 움직임을 보이지 않는다.

이런 작업 방식은 캔버스 표면에 영구히 기록으로 남았다. 활기 넘치고 언뜻언뜻 드러나는 초벌칠하지 않은 캔버스 바탕 때문에 트인 느낌을 주는 이 그림의 효과는 시간이 흘러도 줄어들지 않는다. 표면에 그려진 선들은 다양한 느낌을 준다. 즉 알아서 자유롭게 내달리고 정처 없이 돌아다니고 원을 그린다. 한편 표면의 은색 페인트는 형광을 발한다. 빛나는 이런 은색 페인트 선들은 캔버스 앞쪽을 떠다니는 것처럼 보인다. 이 선들은 〈희미하게 빛나는 물질〉에서 그런 것처럼 아른아른 거린다.

미술사가들은 이 작품의 의미를 두고 격론을 벌였다. 의미가 그림을 그리는 동작에 있는지, 아니면 시각적 아름다움에 있는지를 두고 말이다. 폴록이 남긴 유산이 이런 분열을 강화했다. 그가 서로 아주 다른 두 미술 진영에 영향을 미쳤기 때문이다. 즉 전통적 화풍의 추상화법 진영Post-Painterly Abstractionists이 폴록의 정교한 선에 흥미를 보였다면 1960년대 행위 예술가 진영은 그가 그림을 그리는 과정에서 보인 역동적인 작업 방식에 관심을 가지고 그것을 발전시켰던 것이다.

폴록의 입장에서 보면 형태와 작업은 결코 별개의 것이 아니었다. 벽에 걸린 그림은 육체적인 작업 경험을 겉으로 표현한 것이다. 폴록과 그의 작품과의 관계는 대화나 같았다. 그림이 완성되었다는 걸 어떻게 아느냐는 질문에 그는 이렇게 답했다. "성관계가 언제 끝났는지 어떻게 알죠?" 한 친구에게 말했듯이 그는 자기 작품을 애무하기도 했다. 〈1A 번〉에는 페인트를 걸레로 문질러 닦아서 생긴 입체감 있는 부분들이 있다. 한편 그림 가장자리로는 분홍색에서 짙은 고동색에 이르는 일련의 손자국들이 그라는 존재를 기록하고 있다.

존 그레이엄의 인식처럼 폴록의 몸짓은 가수의 목소리에서 느낄 수 있는 감각적 즐거움도 갖고 있다. 폴록은 자기 작품이 '음악을 즐기듯이 즐길 수 있는 것이어야 한다'고 여겼다. 흥미롭게도 그는 뉴올리언스 재즈 팬이었다.

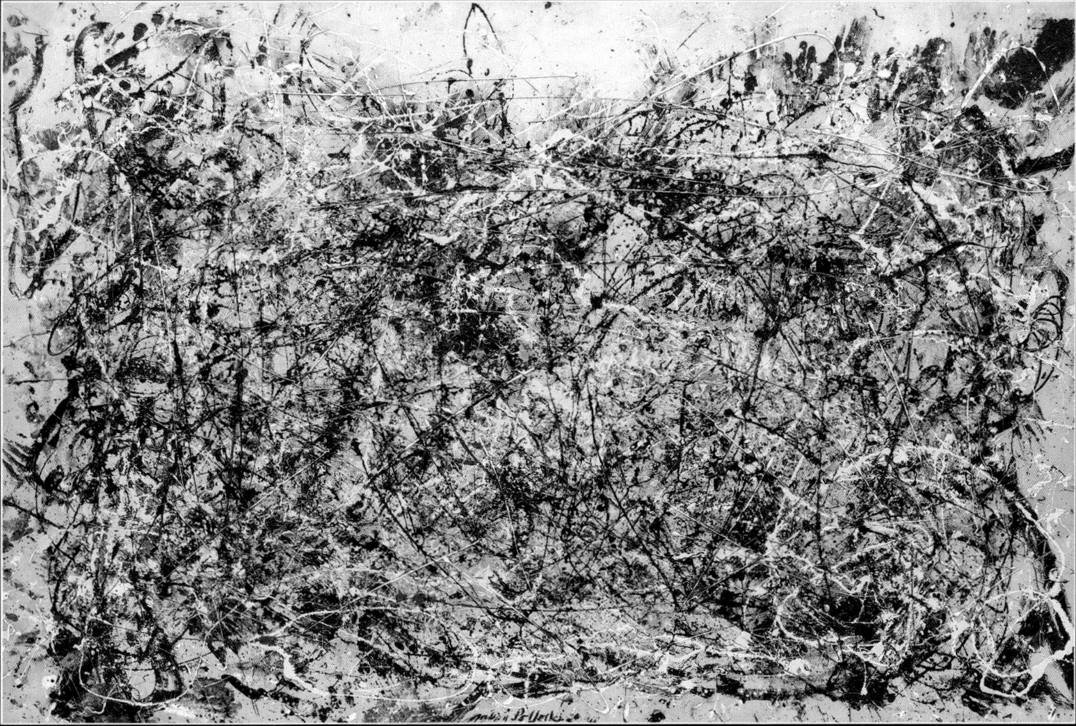

1A 번

*Number 1A*

잭슨 폴록, 1948

캔버스에 유채와 에나멜페인트, 172.7 × 264.2 cm
현대미술관, 뉴욕. 구입(77.1950)

**마라바 동굴**

보통 음량을 최고로 키우고 같은 음반을 계속 반복해서 듣곤 했던 폴록의 거실은 E. M. 포스터가 쓴 소설 <인도로 가는 길>에 나오는 소리가 진동하는 반향실 같은 공간인 마라바 동굴과 비슷했다.

아웃사이더인 폴록은 미국 흑인의 가장 위대한 토착 음악 형식인 재즈에 동질감을 느꼈다. 빙 크로스비, 다이나 쇼어, 페리 코모처럼 고급 사립학교풍 미국 팝 음악과는 대조적으로 그가 좋아한 뉴올리언스 재즈는 자유분방했다. 루이 암스트롱의 즉흥적인 트럼펫 독주와 빌리 홀리데이의 거칠고 쉰 것 같은 목소리는 술에 취하지 않고 말짱한 정신으로 보냈던 교외 생활과 뉴욕 그리니치빌리지 술집들에서 곤드레만드레 취해서 보낸 밤들의 기억을 잇는 통로가 되었다.

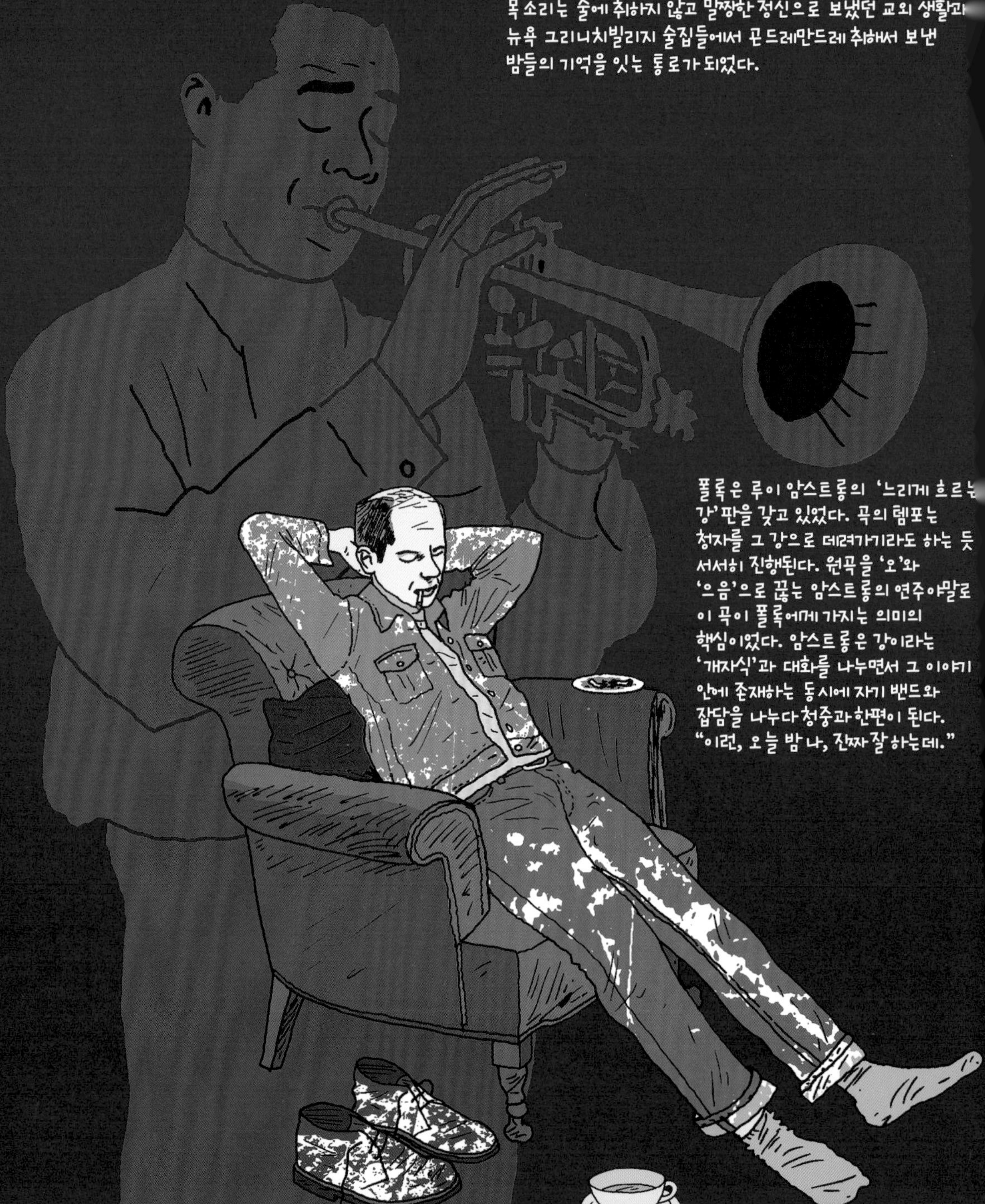

폴록은 루이 암스트롱의 '느리게 흐르는 강' 판을 갖고 있었다. 곡의 템포는 청자를 그 강으로 데려가기라도 하는 듯 서서히 진행된다. 원곡을 '오'와 '으음'으로 끊는 암스트롱의 연주야말로 이 곡이 폴록에게 가지는 의미의 핵심이었다. 암스트롱은 강이라는 '개자식'과 대화를 나누면서 그 이야기 안에 존재하는 동시에 자기 밴드와 잡담을 나누다 청중과 한편이 된다. "이런, 오늘 밤 나, 진짜 잘하는데."

폴록은 알코올 중독으로 고생한 빌리 홀리데이에게 동질감을 느꼈던 것 같다. 그는 '(내게 푹 빠진 남자가 있지) 그는 그렇게나 이상한 사람이야.' SP*를 갖고 있었다. 이 곡에서 홀리데이는 자기를 서부까지 따라 온 헌신적인 연인에 대해 노래한다. 아마 여기서 폴록은 자기 어머니와 아버지가 서로에게 쫓고 쫓기며 서부를 돌아다녔던 일을 떠올렸을 것이다.

* 1분에 78회전하는 구형 레코드

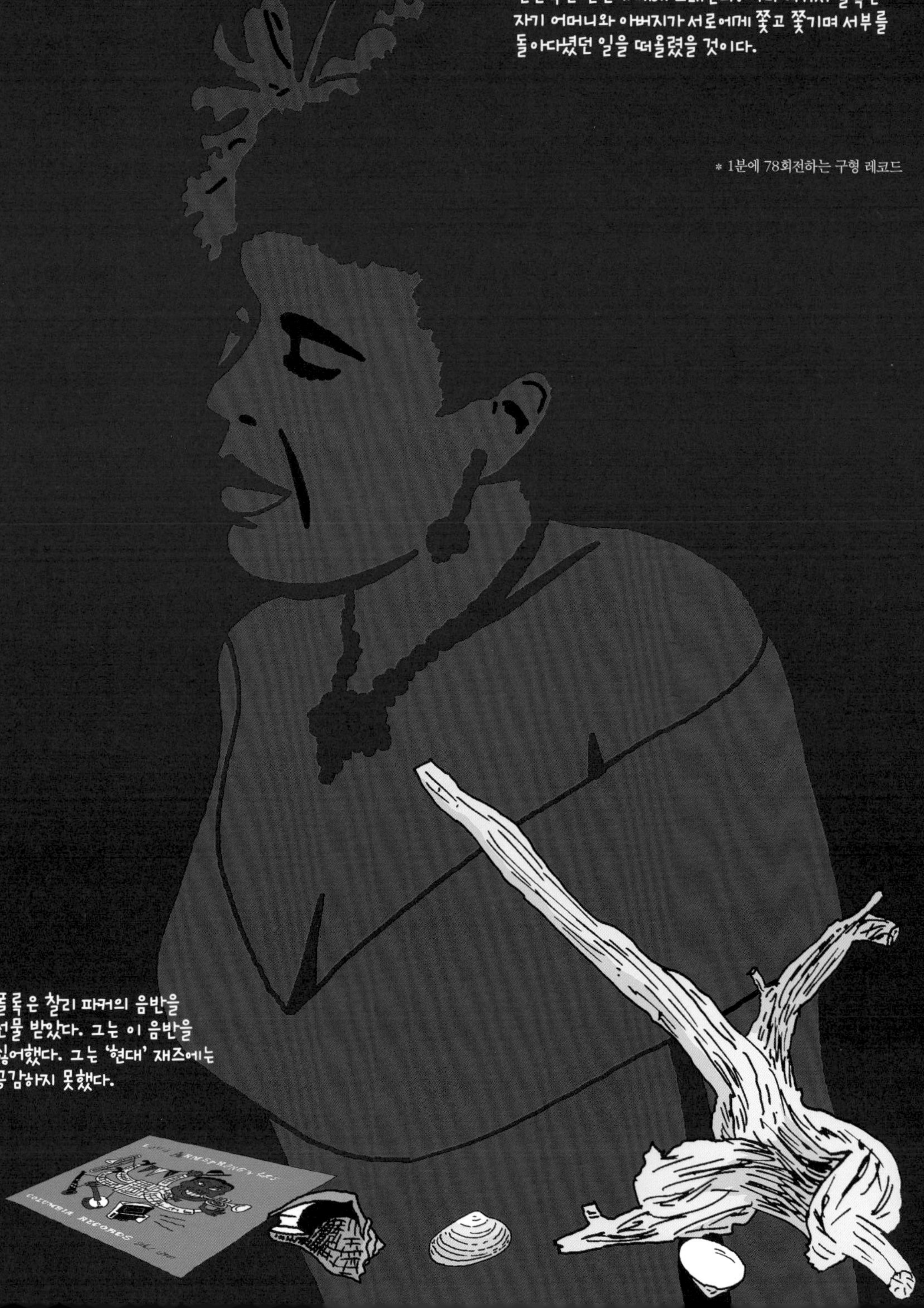


폴록은 찰리 파커의 음반을 선물 받았다. 그는 이 음반을 싫어했다. 그는 '현대' 재즈에는 공감하지 못했다.

## 여름철Summertime의 역설 (9A 번)

폴록의 작품은 뉴올리언스 재즈가 가진 본능적 특성과 정서적 다양성 모두를 갖고 있다. 미술사가들은 그의 작품을 신체 기능과 연결 지었다. 예를 들어 드립 기법은 오줌 누기와 연관 짓는 게 일반적이었다. 폴록의 아버지는 그에게 그랜드캐니언 바위들에다 자기 소변으로 그림을 그리는 법을 보여주었던 것으로 여겨진다. 커크 바르네도Kirk Varnedoe는 그의 작품을 성행위와 비교했다. '수평적인 성질horizontality과 액체를 밀어 내보내는 것' 때문이었다. 폴록의 작품은 이런 모든 것 이상이었다. 즉 인간 경험 전반을 다루고 있다. 헬렌 프랑켄탈러가 말한 '거기 살아야만 했다'는 느낌이 바로 그것이다. 즉흥 연주를 하는 재즈처럼 폴록의 작품도 본능적이다. 즉 일단 저지르고 나서 어떻게 되나 본다.

〈여름철Summertime〉은 폴록으로선 이례적인 형식을 보여준다. 5.5미터로 길고 가는 이 작품은 강력한 수평적 충동horizontal impulse을 자극한다. 엄청나게 큰 악보처럼 화면을 누비고 다니는 검정색 선은 자유롭지만 통제되어 있고, 유색 악센트인 노란 색과 빨강색은 온기를 가미한다. 재즈 즉흥 합주에서 지그재그 형태로 들어왔다 빠졌다 하는 독주 악기처럼 말이다. 그림의 분위기는 낙천적이다. 폴록이 소장한 또 하나의 음반으로, 모든 사람을 춤추게 하려는 게 목적인 카운트 베이시Count Basie의 '1시 점프 One O'clock Jump'처럼 말이다.

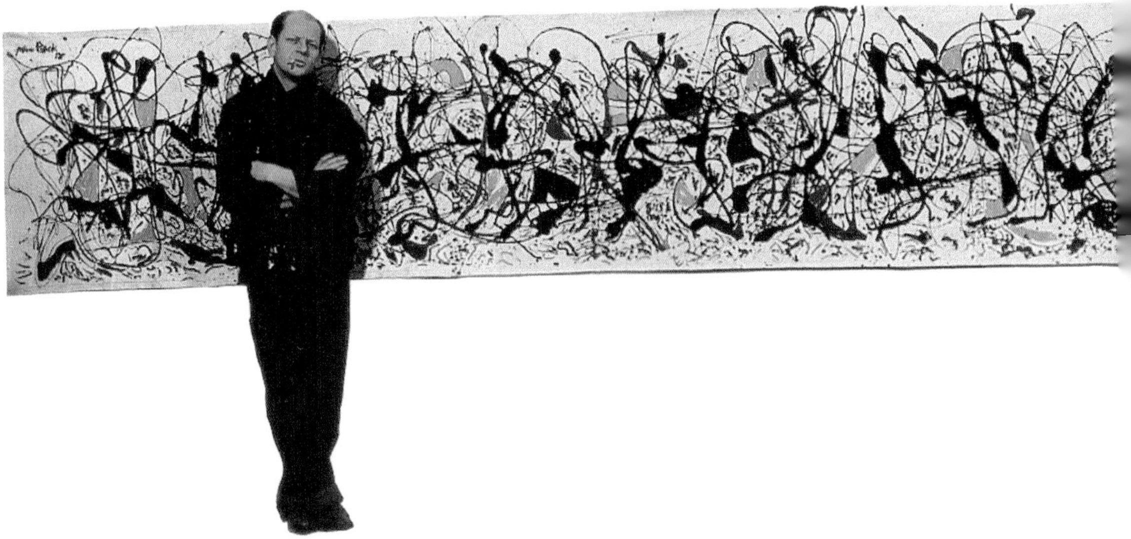

## ‘잭슨 폴록 : 그는 미국에서 현존하는 가장 위대한 화가인가?’ –〈라이프〉, 1949년 8월 8일

뚱한 얼굴로 팔짱을 낀 채 담배를 입에 물고 금방이라도 담배 연기를 앞 사람 얼굴에 훅 내뿜을 것 같은 모습으로 〈여름철〉 앞에 선 폴록은 그의 뒤로 펼쳐지는 생기 넘치고 유쾌한 상황과는 대조적이다. 그는 어째서 이런 태도를 보이는 걸까?

아놀드 뉴먼Arnold Newman이 찍은 이 사진에는 폴록을 미국에서 ‘현존하는 가장 위대한 미술가’로 자리매김하는 기념 기사가 딸려 있었다. 이전에 있은 〈라이프〉 지 좌담회에서 고압적으로 경멸하던 분위기와는 180도 달라진 대접이지만 그럼에도 불구하고 폴록이 신중을 기하는 건 당연했다. 신화를 만들어내길 좋아하는 사람들은 그에게 핍박받는 미국 화가라는 이미지를 덧씌우느라 바빴다. 이것은 비트 세대가 취했던 강렬한 전형적인 이미지로, 나중에 이런 이미지는 냉전 시대에 매우 효과적인 선전활동에 활용되기도 했다. 미술사가인 세르주 기보Serge Guilbaut는 공산주의자를 마녀 사냥하던 매카시즘 시대에 정부가 미국에 자유로운 국가 이미지를 투영하기 위해 어떻게 현대재즈와 추상 표현주의의 자유로운 형식을 홍보했는지 분석하기도 했다.

폴록에게 이 기사는 양날의 검이었다. 폴록은 스스로를 노출하길 싫어하면서도 인정을 갈망한 사람이었기 때문이다. 폴록은 이 기사가 실린 〈라이프〉 지 해당 호 한 무더기를 오랫동안 그의 집 부엌 선반에 쌓아두었을 뿐 아니라, 손님들에게 잡지를 직접 보여주는 것을 아주 즐기기도 했다.

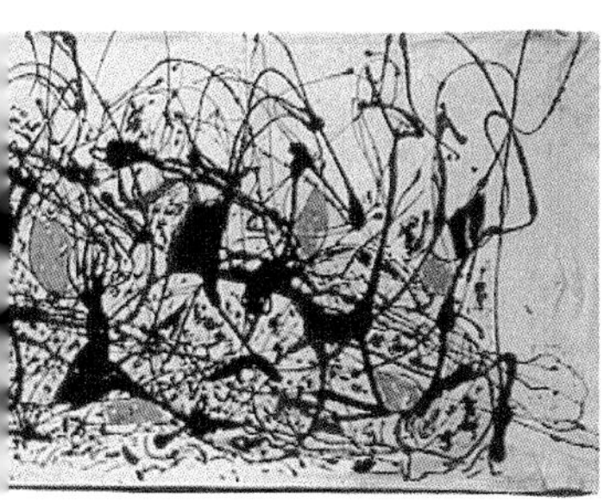

〈여름철 (9A 번)〉
*Summertime(Number 9A)*
앞에서 포즈를 취하고 있는 폴록, 1948

캔버스에 유채, 에나멜과 상업용 페인트, 84.9 × 555 cm.
테이트, 런던. 1988년 구입 (T03977)

## 계절의 변화 : 가을의 리듬 (30 번) Autumn Rhythm(Number 30)

특유의 걸걸한 목소리로 폴록은 한스 네이머스Hans Namuth 가 만든 단편 영화를 다음과 같은 말로 시작한다. "나의 집은 롱 아일랜드의 이스트햄프턴에 있는 스프링스에 있다." '집'에서 그는 술을 입에 대지 않았고, 덕분에 두 해 동안 매우 생산적인 시간을 보냈다. 빛이 들어오는 곳이라곤 서까래 창문들뿐인 밀폐된 화실 안은 온통 고요했다. 그림을 그리는 것은 고독한 행위였고 리는 그를 방해하지 않도록 조심했다.

폴록이 처음 네이머스를 만난 건 1950년 7월로, 사진작가인 네이머스가 그가 그림을 그리고 있는 모습을 찍겠다는 아이디어를 가지고 접촉해 왔을 때였다. 폴록은 다소 마지못해 하며 차기작인 〈가을의 리듬 (30 번)Autumn Rhythm (Number 30)〉 제작 과정을 기록해도 좋다고 허락했다. 네이머스는 주말마다 화실을 찾아와 500장이 넘는 사진을 찍어서 폴록의 섬세한 움직임과 드립 페인팅 과정을 담았다.

네이머스의 사진은 훌륭한 자료인 동시에 그 자체로 예술 작품이기도 하다. 전기 작가인 페페 카멜Pepe Karmel은 네이머스가 폴록 특유의 의식 같은 작업 과정을 담아내기에 특별히 어울리는 이력을 가졌다고 주장한다. 그가 마야 의례들을 촬영했고, 1947년 과테말라 여행에서 실제 샤먼들을 찍었기 때문이었다. 그러나 여기에는 무신경함이란 문제도 존재한다. 1941년 뉴욕 현대미술관에서 열린 전시회에 참여한 미국 원주민 모래 화가들만 해도 사진 찍길 거부했기 때문이다. 사진이 찍히면 그들이 하는 의식의 정수를 빼앗긴다고 믿었기 때문이었다. 이론가인 수전 손태그는 이런 입장을 지지한다. "사진을 찍는다는 건 다른 사람의 죽음의 운명, 취약성, 무상함에 개입하는 일이다."

폴록은 일찍이 스스로를 껍데기 없는 조개에 비유한 적이 있었다. 그렇다면 네이머스는 과학자처럼 정밀하게 연체동물을 해부한 셈이었다.

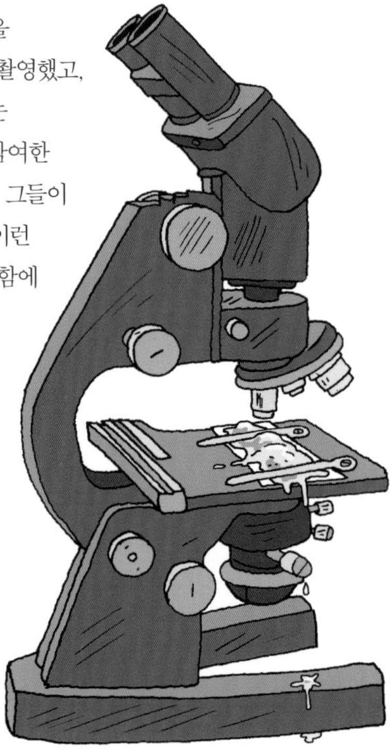

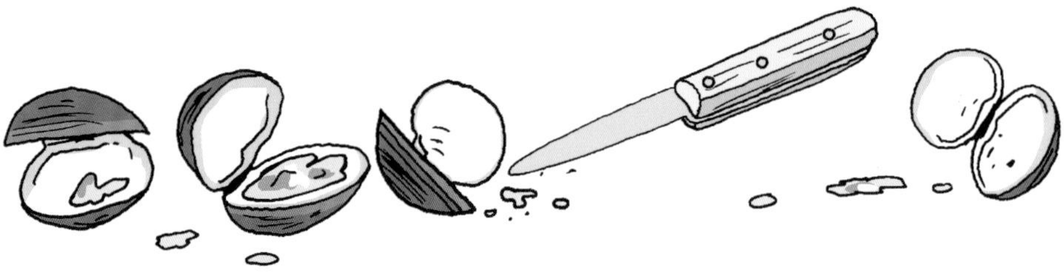

## 그림 그리기

* 프랑스 출신 사진작가이자 화가이자 시인. 피카소의 연인이자 뮤즈로 잘 알려져 있다.

네이머스가 찍은 사진들은 예술 제작 과정을 기록하는 완전히 새로운 방식을 보여주었다. 이와 대조를 이루는 흥미로운 예가 도라 마르Dora Maar*가 그보다 십년 쯤 전에 찍은 피카소의 〈게르니카〉 제작 과정 사진들이다. 마르의 사진에서는 피카소가 좀처럼 눈에 띄지 않는다. 반면 네이머스의 사진에서는 폴록이 언제나 등장한다. 때로는 전신이 담겨 있고 때로는 얼굴이 나온다. 그래서 우리는 그에게서 즉각 알아볼 수 있는 인간적 요소를 찾아내 그라는 존재 자체에서 의미를 발견하게 된다. 근사하고 화려한 작품에서 눈길을 돌려서 말이다.

그가 만든 불후의 드립 페인팅 작품들 중 마지막 작품인 〈가을의 리듬〉은 노래 같다. '올 오버all-over' 기법을 완벽하게 연출해낸 이 작품은 어떤 부분도 우세를 점하지 않고 유연한 흐름이 균형을 이루고 있다. 그림은 방대한 규모약 2.6×5.2미터에도 불구하고 아늑한 느낌이 든다. 시인이 단어를 음미하며 즐기듯이 폴록도 그림을 사랑한다. 미니멀리스트인 그는 그림에 쓰는 색채를 제한하고 몇 가지 요소들만 두드러지게 만들어서 그것들이 가진 본질적 특색들을 드러낸다. 초벌칠을 하지 않은 거친 캔버스와 흠뻑 물든 검정색 얼룩들, 하얀 물보라처럼 뿌린 페인트는 감각적인 즐거움을 느끼게 한다.

폴록은 어떤 관념을 그림으로 표현하는 데는 관심이 없다. 그러나 그가 페인트를 다룬 방식은 왠지 모르게 '가을의 리듬'을 생생히 재현하고 있다. 황갈색 캔버스와 구불구불한 황갈색 드립들은 황혼 같은 계절의 따스하고 그윽한 빛을 띠고 있다. 이 작품의 귀중한 가치는 풍부하고 모호한 연상들에 있다. 즉 황갈색 V자 모양 붓질들은 날아가는 새들이나 춤추는 인물들을 떠올리게 할지 모른다. 그게 뭐든지 간에 이들은 우아하게 화면 위를 움직여 다닌다. 보통 이런 연상은 본능적으로 이뤄진다. 그림 하단 왼쪽에 마티스가 그린 선처럼 둥글게 휘면서 나아가는 하얀 색 선은 등을 뒤로 한껏 젖혔을 때 느끼는 만족감을 연상하게 한다.

우울증과 싸워야 했던 폴록이었지만 그의 드립 페인팅은 삶을 긍정하고 있다. 드립 페인팅은 밤의 색채와 근사한 질감부터 우주의 환상적인 아름다움에 이르기까지 멋진 경험의 정수를 담아내고 있다. 화가로서 그가 이룬 성공의 결실을 보여주는 〈가을의 리듬〉은 그의 가장 위대한 마지막 드립 페인팅에 어울리는 감동적인 제목이다.

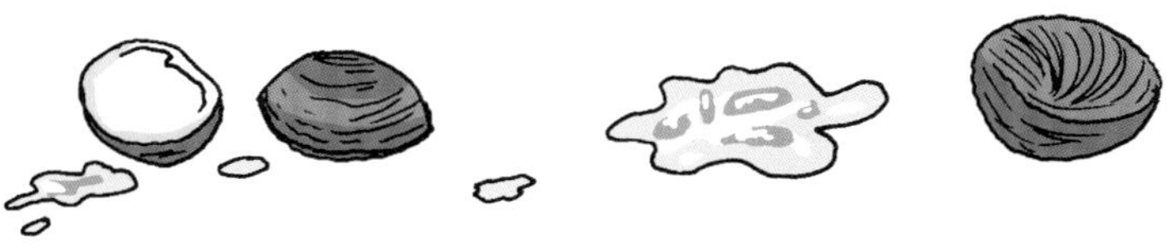

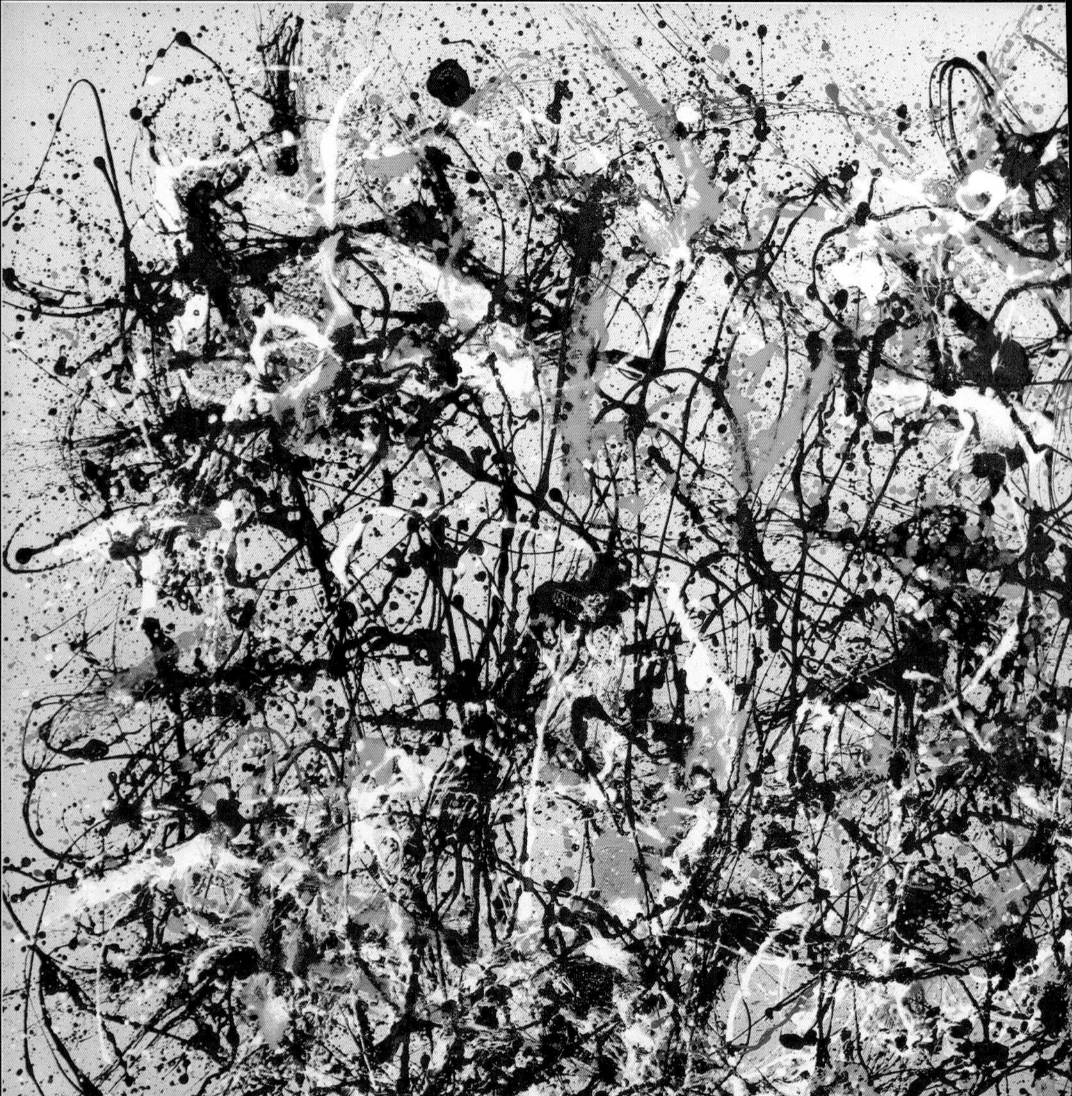

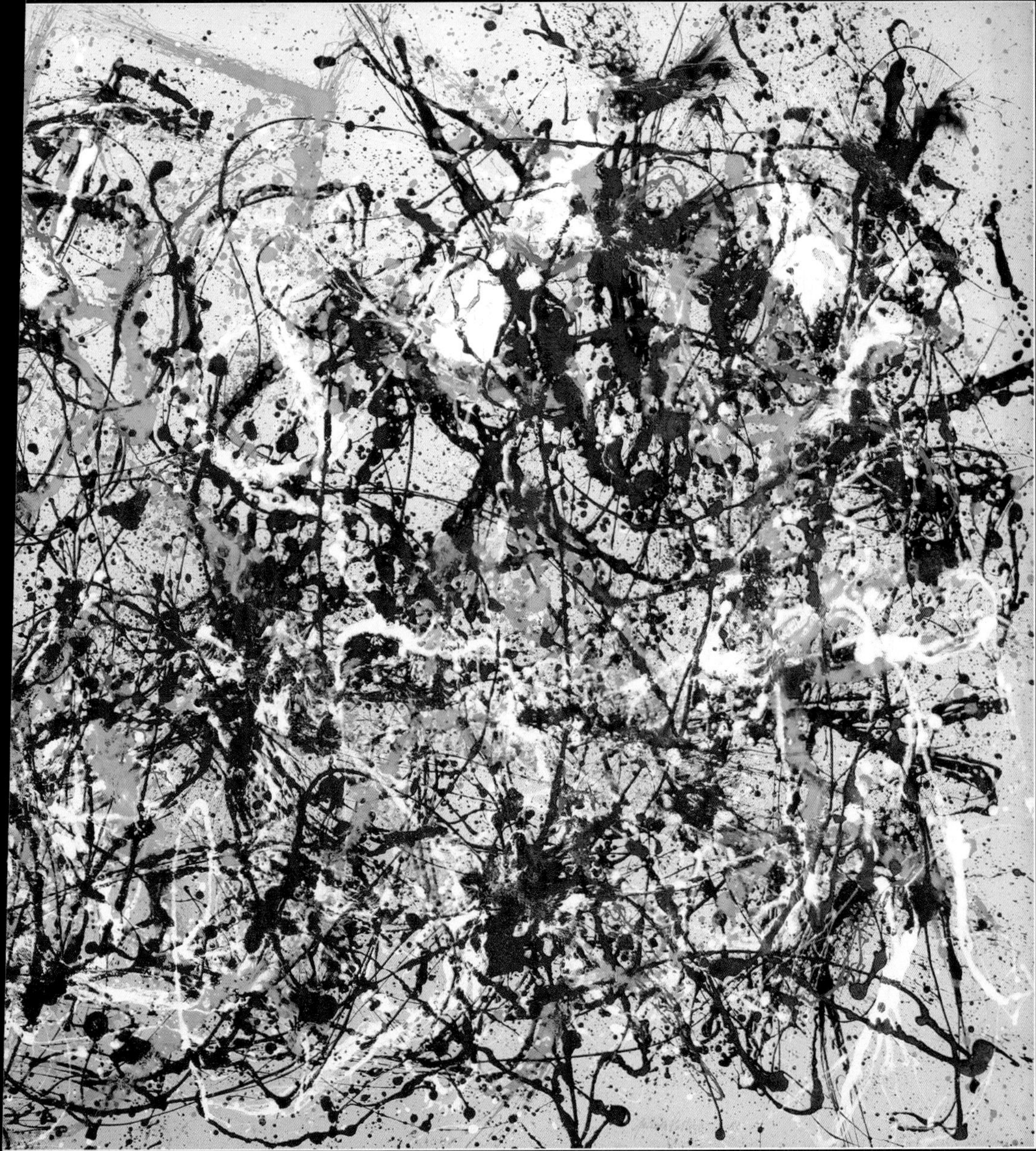

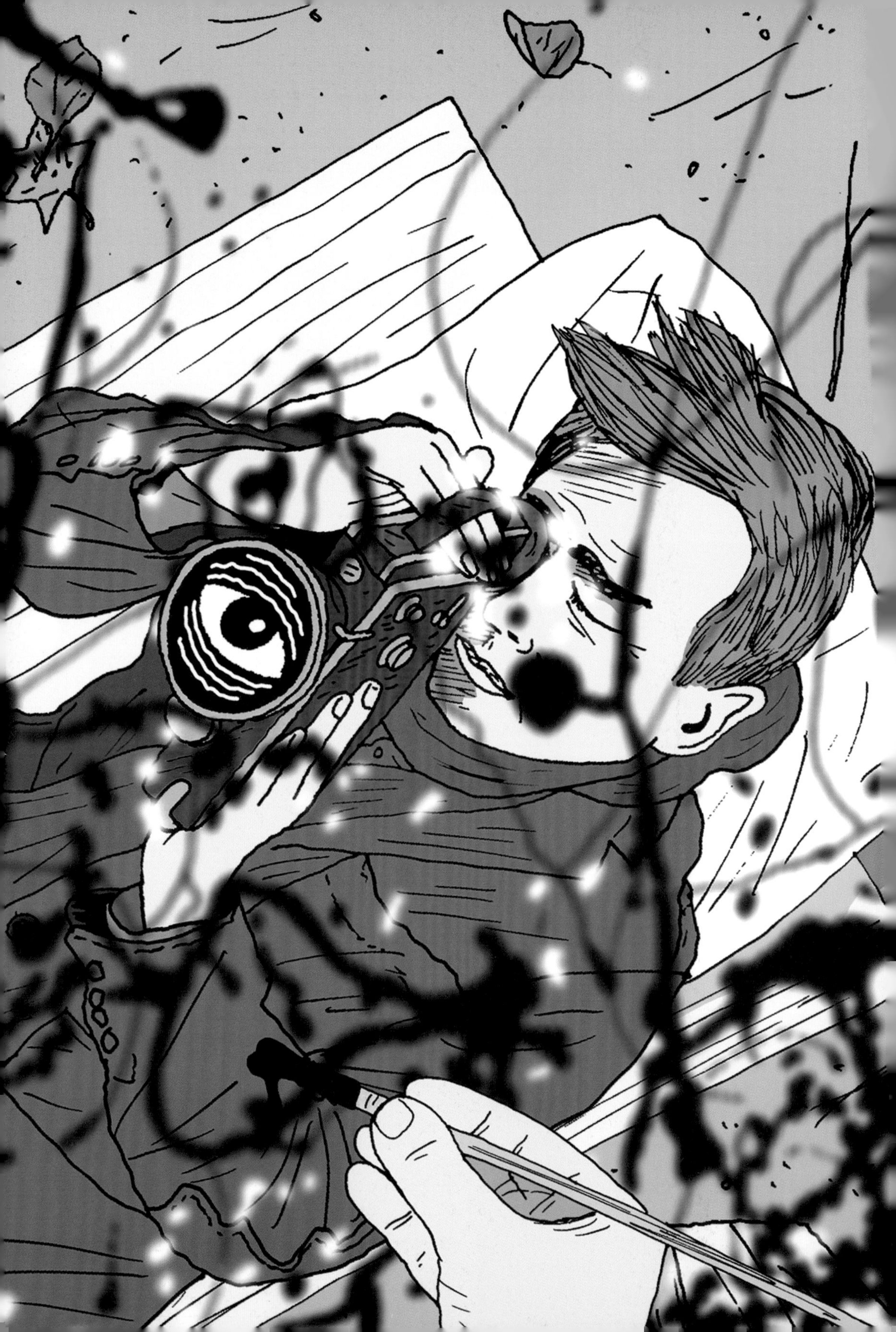

## 과다노출

사진을 500장이나 찍었으면서도 네이머스는 만족하지 못했다. 화실에 빛이 좋지 않아서 작업하는 폴록의 정면 모습을 담아내는 게 불가능했던 데다, 스틸 사진 다수가 흐릿하게 나오는 바람에 폴록의 역동적인 움직임을 포착하지 못했기 때문이었다. 네이머스는 영화를 찍길 원했다. 폴록은 오직 고치 같은 자기 화실에서만 일을 했는데도 불구하고 네이머스는 그를 설득해서 탁 트인 야외에서 그림을 그리게 했다.

추운 날이었다. 바람이 심하게 불어 길게 자란 풀이 방해가 되고 물감은 이리저리 흩날렸다. 영화 촬영은 숱한 재촬영을 요하는 지루한 과정이었다. 이번에도 네이머스는 결과에 만족하지 못했다. 그는 또 다른 아이디어를 내서 폴록에게 유리 위에서 그림을 그리게 했다. 네이머스는 구덩이 위에 유리를 걸쳐 놓고 구덩이 안에서 촬영을 해서 폴록의 행동을 바로 가까이에서 찍을 수 있었다.

네이머스는 폴록이 '신경이 예민하고 자의식이 강하다'는 것을 알아차렸다. 이런 면을 그는 어쩌면 특정한 한 장면, 즉 일하고 있는 폴록의 정면 모습에서 어쩌다 포착해냈을지도 모른다. 자신을 조개에 비유한 이 남자는 세균 배양용 접시 안에 든 시료처럼 보인다.

## 폴록의 관점

영화 도입부에 폴록은 유리 표면을 어루만진다. 그는 언제나 자기가 이용하는 도구와 '친해지는' 단계를 가지기 때문이었다. 차갑고 투명한 유리는 초벌칠하지 않은 거친 캔버스와 아주 다른 느낌이었을 게 틀림없다.

폴록의 관점은 네이머스의 관점과 아주 달랐다. 즉 그는 어두운 구멍을 내려다보고 있었고 카메라가 그를 뚫어져라 쏘아보고 있었다. 그렇게 감시당하는 것 같은 상황에서 폴록이 남의 시선을 의식하고 위축된 건 놀라운 일도 아니다. 폴록은 이렇게 설명했다. "유리 위에 그린 첫 번째 그림과는 접점을 잃게 되었고 그래서 다른 것을 그리기 시작했다." 첫 번째 시도였던 그림을 지워버린 폴록은 이런저런 것들을 더하는 것부터 시작했다. 철망, 조약돌 몇 개, 실 몇 가닥을 말이다. 얼마 후 그는 그림을 그리기 시작했지만 네이머스는 끊임없이 그를 멈추게 했다가 다시 시작하게 했다. 폴록은 리듬을 잃어버렸다.

## 커피는 거실에 준비될 거예요 – 리 크래스너

해질녘에 네이머스는 촬영 종료를 선언했다. 이번에는 자기가 원하는 것을 얻은 것 같았다. 폴록과 네이머스는 집으로 돌아갔다. 리는 친구들을 초대해 영화 촬영 종료를 축하하는 잔치를 준비했다. 폴록은 부엌으로 들어와 버번위스키를 두 잔 따른 다음 네이머스를 불렀다. "와서 같이 한 잔 하지." 리와 손님들은 그가 2년 만에 처음 술을 마시는 모습을 말없이 지켜보았다. 그런 다음 폴록은 네이머스를 '사기꾼'이라 부르며 소리를 지르기 시작했다. 식탁 가장자리를 잡은 그는 손님들을 들들 볶아댄 후 마침내 식탁을 들어 엎어서 구운 고기 요리와 그릇을 굴러 떨어뜨렸다.

개들이 깨진 자기 그릇 파편들 사이를 이리저리 뛰어다니며 그레이비소스를 핥아먹는 동안 폴록은 집을 뛰쳐나가 차에 올라타고 떠나버렸다.

폴록은 이 사건 이후 길을 잃고 말았다. 섬약하고 자주 술에 취해 있던 폴록은 다시는 집중력을 되찾지 못했다. 몇 년 동안 이류에 불과한 작품을 만드느라 고군분투를 하던 그는 결국 아예 작품 활동을 그만두고 말았다. 그가 네이머스가 찍은 영화의 종료와 동시에 신경쇠약 증세를 보였다는 건 의미심장하다. 즉 영화 촬영은 예리한 심층조사가 되어 그의 작업 방식을 철저히 발가벗겼고, 그로 인해 그는 자신감을 잃었던 것이다. 한 친구의 견해에 따르면 "이런 그림들 중 하나를 제작하는 과정을 해체해서 분석한 것이 그를 상투적인 평범한 존재로 바꿔버렸다." 그러나 다른 요인들도 그의 쇠락에 한몫을 했다. 이 중에는 오랫동안 폴록의 든든한 버팀목이었던 헬러 박사의 죽음도 있었다. 헬러 박사는 영화 촬영 몇 달 전에 교통사고로 죽었다.

폴록이 워낙 위태로운 시절을 살아가고 있는 연약한 인물이기도 했다. 언론에서는 끊임없이 핵전쟁의 위협을 보도했고, 매카시즘이 나라를 집단 히스테리 상태에 몰아넣고 있었다. 사회는 숨 막히게 보수적이었고 상상력을 결여하고 있었다. 전기 작가 에벌린 토인턴Evelyn Toynton은 대중의 많은 사랑을 받은 화가 노먼 록웰Norman Rockwell이 미국적 삶의 방식을 따뜻하게 예찬한 것을 언급한다. 토인턴은 〈새터데이 이브닝 포스트〉 지에 록웰이 그린 권두 삽화 중 하나를 묘사한다. 삽화에서는 "할머니가 추수감사절용 칠면조구이를 식탁 위에 올려놓고 식탁 주위엔 하나같이 만면에 웃음을 띤 가족들이 모여 앉아 있다."

폴록으로선 이제 그런 식의 연기에는 진절머리가 났다.

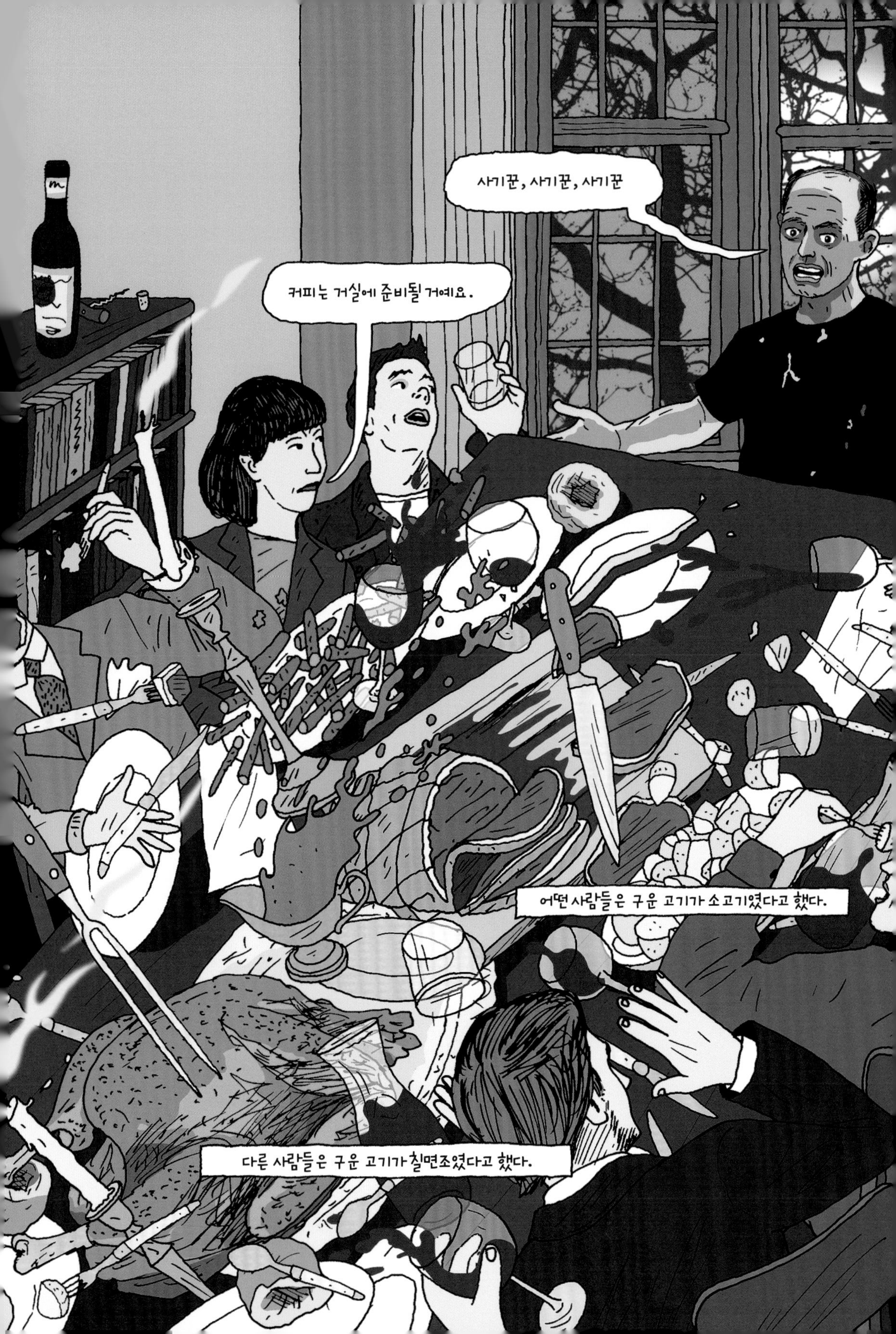
사기꾼, 사기꾼, 사기꾼
커피는 거실에 준비될 거예요.
어떤 사람들은 구운 고기가 소고기였다고 했다.
다른 사람들은 구운 고기가 칠면조였다고 했다.

## 성공과 화려한 매력

1950년 11월 28일에 베티 파슨스 갤러리Betty Parsons Gallery에서 폴록의 네 번째 개인전이 열려 뉴욕의 사교계 인사들이 구름처럼 몰려들었다. 〈가을의 리듬〉은 벽 전체를 가득 메우고 있었다. 한 방문자는 이 때의 경험을 '유성우 사이로 걸어 들어가는 것' 같은 느낌이었다고 말했다. 개막 첫 날 나타난 열광적인 반응과 호의적인 리뷰에도 불구하고 팔린 작품은 섬세한 색조로 물든 〈라벤더 안개Lavender Mist〉 딱 한 점뿐이었다.

개인전이 끝난 후, 전설적인 패션 사진작가인 세실 비튼Cecil Beaton이 〈가을의 리듬〉을 〈보그〉 지 패션 사진 촬영에 이용했다. 〈가을의 리듬〉이 배색 계획의 기초가 되었다. 즉 작품 속 윤기 나는 검정색은 모델이 입은 광택 나는 검정색 칵테일 드레스에서 다시 나타난다. 한편 그림의 밝은 색조들은 모델의 액세서리들에서 나타난다. 즉 띠와 주름장식과 화장에서 볼 수 있다.

세간의 이목을 끄는 일류 패션 사진작가와 함께 한 〈보그〉 지 사진 촬영은 당시 경제적으로 어려움을 겪고 있던 폴록에 대한 관심을 불러일으키고 그림 판매고를 높여줄 가능성이 있었다. 사진들은 굉장히 근사했지만 문제도 있었다. 네이머스의 영화에서 그렇듯이 풍부하고 몰입적인 예술 경험, 즉 유성우는 싹 사라져버리고, 그림은 배경 장식에 불과한 역할만 해서 결국 헉슬리의 오만한 시각대로 '벽을 따라 한정 없이 반복되는 벽지'가 되고 말았던 것이다.

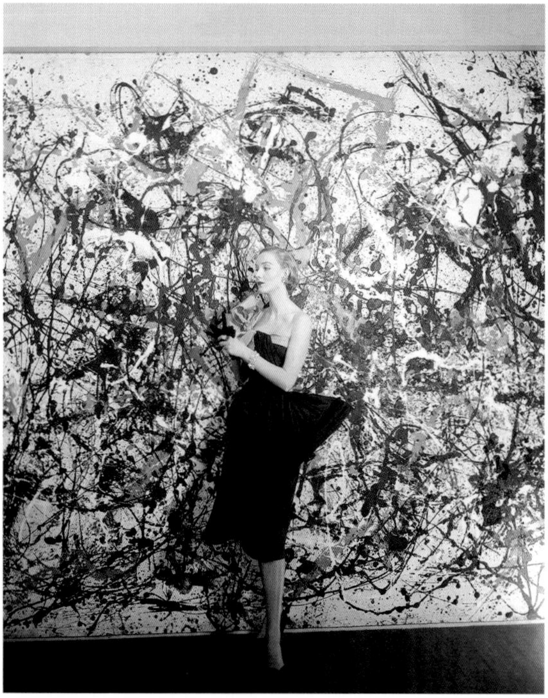

폴록의 〈가을의 리듬〉을 배경으로 세실 비튼이 〈보그〉 지를 위해 촬영한 패션 사진, 1950.

## 뉴욕은 무자비하다
## – 잭슨 폴록

폴록과 리는 파슨스 개인전 기간에 뉴욕에 머무르다 다음 해 5월이 되어서야 스프링스로 돌아갔다. 도시 생활은 폴록과 전혀 맞지 않았다. 추상 표현주의 화가인 동료 알폰소 오소리오Alfonso Ossorio에게 1월에 보낸 편지에 그는 이렇게 썼다. “정말 사상 최악의 상태야. 우울증과 술 문제로 말이야. 뉴욕은 무자비해.” 그는 새 치료사인 루스 폭스Ruth Fox 박사에게 상담을 받기 시작했다. 폭스 박사는 알코올 중독 치료가 전문이었다.

심약한 상태에 있던 폴록은 돌팔이들의 호언장담에 걸려들었다. 알코올 중독을 치료해보려고 폴록은 그랜트 마크 유액Grant Mark's Emulsion이라 불리는 우유 같은 조제약을 마셨다. 이 조제약은 뉴욕에 사는 한 약제사가 발명한 처방약으로, ‘완벽한 행복’을 가져다준다고 약속했다. 리도 이 값비싼 액체에 기대를 걸고 아침과 저녁에 꼬박꼬박 정량을 폴록에게 따라주었다. 후에 폴록은 이렇게 회고했다. “호된 벌을 받는 느낌이었다.”

스프링스로 돌아온 폴록은 매주 월요일마다 뉴욕에 가서 새 그랜트 마크 유액을 사고 치료사에게 상담을 받았다. 이렇게 볼 일을 다 보고 나면 삼나무 술집Cedar Tavern으로 향했다.

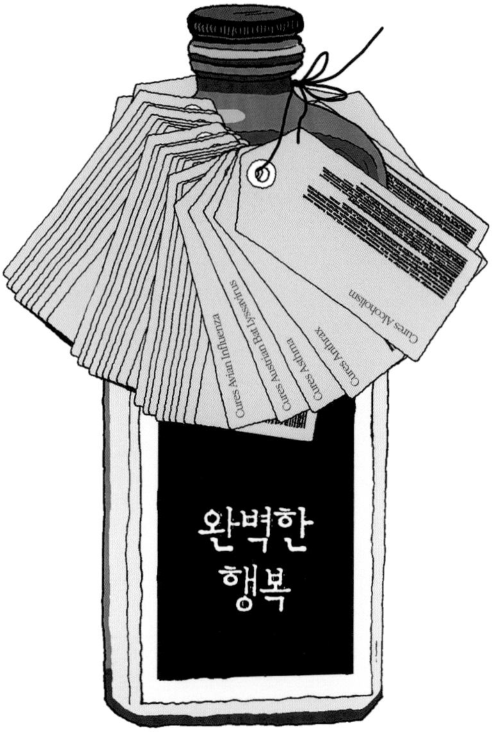

## 삼나무 술집

이 시점에 폴록의 뉴욕 생활은 유니버시티 플레이스University Place에 있는 삼나무 술집을 중심으로 돌아갔다. 이곳에서 그는 다른 추상 표현주의 화가들과, 나중에는 비트 세대 시인들과 어울렸다. 술값은 쌌고 분위기는 자유분방하고 마초적이었다. 리 크래스너는 이곳에선 여자들을 "소처럼 취급했다."고 말했다. 리는 이곳을 싫어했다. 종종 못 말릴 상황이 벌어지기도 했다. 폴록은 화장실 문을 비틀어 떼 내는 바람에 출입 금지를 당했고, 비트 세대의 주역인 잭 케루악도 재떨이에 오줌을 눠서 출입 금지를 당했다.

한 친구는 이렇게 말한 적이 있다. 술집 밖에서 폴록은 귀여운 곰 인형 같았지만 술집 안에서는 야생 회색 곰 같았다고 말이다. 그를 동경해서 그처럼 되길 원하는 화가들이 술집에 있는 폴록 주위에 모여들어 대가와 '접촉하고' 싶어 했다. 그런가 하면 관광객들은 나쁜 짓을 하는 걸 볼 수 있지 않을까 하는 기대로 이곳에 몰려들었다. 야생 회색 곰은 자주 청중의 기대를 만족시켜주었다. 그렇게 탁자 뒤집기, 난투극, 고성방가가 등장하기 시작했다.

타마르 요셀로프Tamar Yoseloff는 자신이 쓴 시 '삼나무 술집의 밤Cedar Nights'에서 이 전설적인 술집의 분위기와 고뇌에 찬 유명 인사들을 생생히 그리고 있다.

> 케루악은 재떨이에 오줌 세례를 베풀고
> 로스코는 술잔을 지긋이 바라보며 아지랑이처럼 피어오르는 담배 연기 속에 잠겨 있고, (후에 그는 양팔을 가늘게 베어, 흰 바탕에 밤색의 면도날 자국 두 줄을 남겼지)
> 고키는 모든 경찰 끄나풀들에게 일일이 시비를 걸고…
> 그럼 잭은? 그는 폭풍우를 그리고 있었지 (술에 취해 있지 않을 때는 말이야), 하늘에선 신들이 모여 그의 명성을 찬미했지, 멍청하고 오만불손하기 짝이 없는 그녀가 삼나무 술집에 찾아들어 한 사내를 찾기 전까지는…

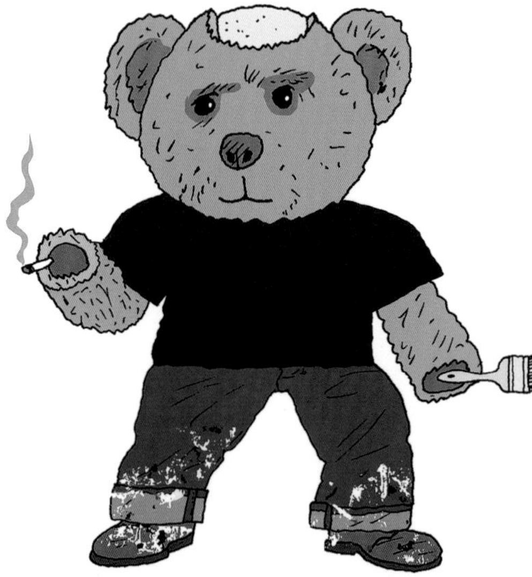

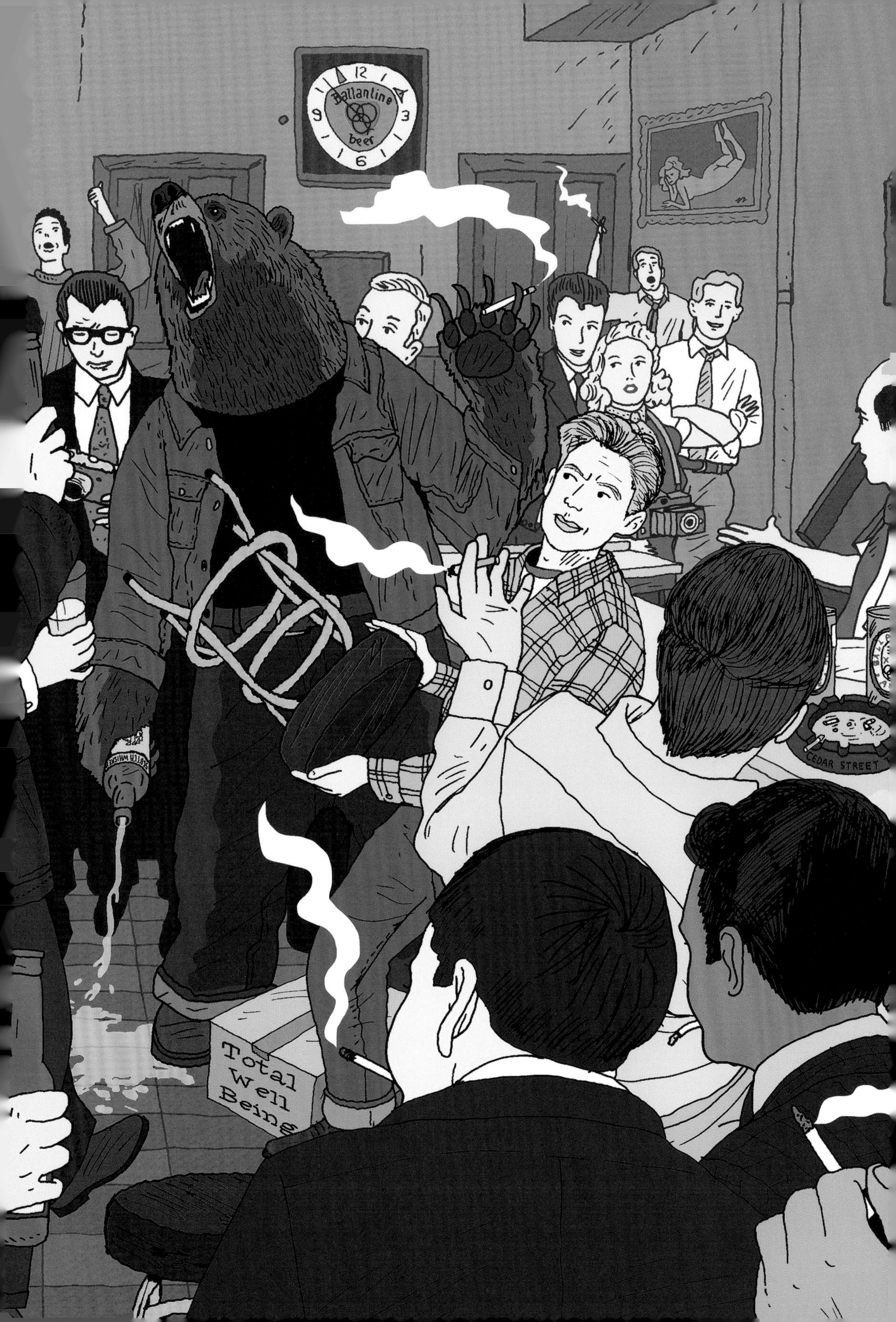
Ballantine
beer
Total
Well
Being
CEDAR STREET

## 갤러리를 바꾸다

베티 파슨스는 스스로를 통찰력 있는 미술 애호가로 보았다. "나는 한 번도 그림을 팔려고 기를 쓴 적이 없다. 대부분의 미술상들은 돈을 사랑했지만 나는 그림을 사랑했다." 파슨스의 이런 '열정'은 폴록에겐 무척이나 쓸모가 없었다. 여전히 빈털터리 신세였기 때문이다. 1952년에 그는 시드니 재니스Sidney Janis의 갤러리로 옮기기로 결정했다. 폴록이 점점 더 유명해지긴 했지만 재니스도 그에게 별 도움은 되지 못했다. 폴록이 새로운 작품들을 도무지 만들어내지 못하고 있을 때 전시회를 기획하는 건 어려운 일이라는 걸 감안하더라도 말이다.

## 〈푸른 막대기Blue Poles〉 이야기, 1952

폴록의 오랜 친구인 조각가 토니 스미스Tony Smith는 그가 그림을 다시 시작하는 데 도움을 주려고 노력했다.

> 우리는 술을 마시고 있었다. 우리는 뭔가를 같이 그리기로 했다. 나는 그를 스스로에게서 벗어나 색채의 세계로 다시 돌아가게 하고 싶었다… 잭슨은 물감을 채운 유리관들을 써 보려고 했다. 유리관들은 요리에서 육즙이나 버터를 치는 데 쓰는 관으로, 한쪽 끝엔 고무 패킹이 달려 있고, 약 0.125인치약 3.18밀리미터의 구멍이 나 있었다. 그러나 그가 고무 손잡이를 너무 세게 누르고 있는 바람에 유리관이 막혀버렸다. 그러면 그는 유리관을 내동댕이쳐서 깨버리곤 했다. 그러다 결국 그는 모든 유리관을 깨뜨리고 말았다.

스미스에 따르면 둘은 몇 주 후 폴록의 화실로 돌아갔고, 이번에는 화가인 바넷 뉴먼Barnett Newman도 동행했다. 〈푸른 막대기Blue Poles〉 제작에 대해서는 언제나 논란이 있었다. 그림을 그리는 데 뉴먼과 스미스가 얼마나 도움을 주었느냐를 두고 말이다. "내 '피Blood'가 이 그림 속에 들어갔다."는 뉴먼의 언급이 그가 〈푸른 막대기〉를 그렸다는 추측을 부채질했으나 리는 이 설을 '말도 안 되는 소리'라며 일축했다.

클레멘트 그린버그는 폴록의 후기작을 높이 평가하지 않았다. 〈푸른 막대기〉를 가로지르고 있는 막대기들은 부러진 비계飛階* 조각들 같다. 즉 그의 초기작들이 가진 우아함과 리듬을 결여한 배경 장식용 그림의 받침대 말이다.

* 높은 데서 공사를 하기 위해 설치한 가설 발판

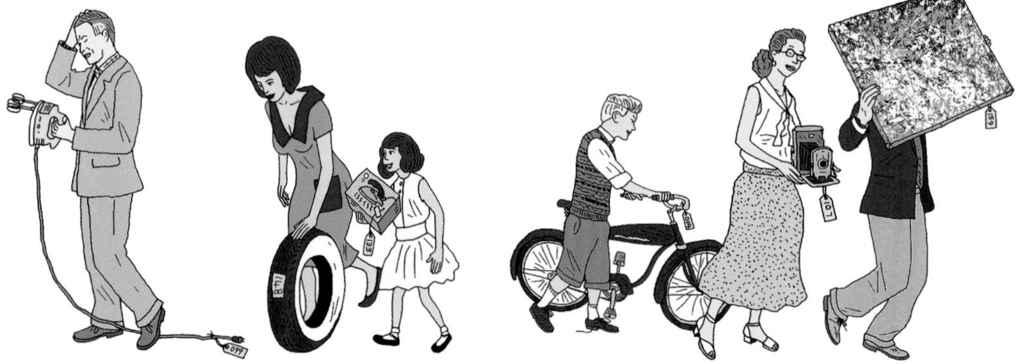

## 집이라 불린 그곳 – 스프링스

폴록이 벌이는 기행은 그와 친구들 사이를 멀어지게 하고 있었다. 그는 차를 몰고 이스트햄프턴 근처에 사는 미술 평론가 해럴드 로젠버그Harold Rosenberg를 만나러 가서는 그의 집 잔디밭에 서서 '내가 빌어먹을 세계 최고의 화가야'라며 마구 고함을 질러댔다. 리와의 관계도 어머니 역할을 하는 리와 심통 부리는 애처럼 구는 폴록이라는 각자의 역할이 심화되면서 악화일로를 걸었다. 식사 시간은 저녁을 안 먹겠다고 고집을 부리는 폴록 때문에 곤욕스러워지기 일쑤였다. 폴록은 매우 잔인하게 굴기도 했다. 파티에 가면 그는 이렇게 외치곤 했다. "내가 어떻게 생겨먹은 여자와 결혼했는지 좀 봐." 리는 의기소침해졌다.

대부분의 사람들이 이 동네 술꾼을 모른 척 했고, 몇 명 안 되는 의리 있는 친구들은 그를 도우려 애썼으며, 다른 사람들은 값나가는 자산에 눈독을 들였다. 폴록이 그의 첫 올즈모빌 88 자동차를 박살낸 후 갤러리 주인인 마사 잭슨Martha Jackson이 자신의 멋진 초록색 1950년형 올즈모빌 컨버터블을 몰고 그를 찾아왔다. 잭슨은 이 차와 폴록의 '검정' 그림들 두 점을 맞바꾼 후 떠났다. 그 다음엔 마을 자선기금 마련을 위한 복권식 판매 행사가 있었다. '지역화가'인 폴록은 이 행사에서 상으로 그림 한 점을 기증해달라는 요구를 받았다. 이스트햄프턴의 라이오넬 잭슨이 폴록의 그림을 상으로 받았다.

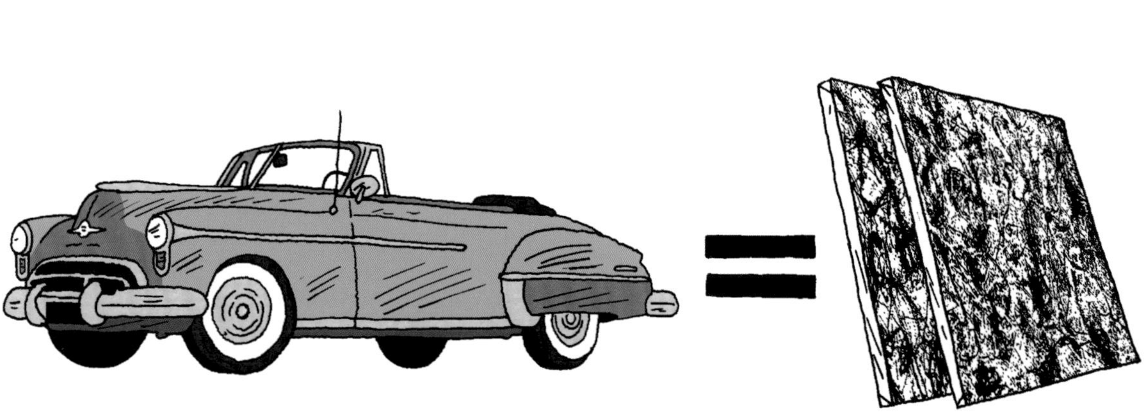

## 〈초상화와 꿈Portrait and A Dream〉

〈초상화와 꿈〉은 폴록의 후기작들 중 하나로, 아주 다른 두 스타일이 혼재해 있는 작품이다. 구상주의적인 머리가 선으로 된 스케치 옆에 놓여 있다. 커크 바르네도는 이 그림을 '만화 속 등장인물과 말풍선'에 비유했다. 아마 어떤 면에서 폴록은 여기서 네이머스의 영화뿐 아니라, 매혹적인 인물 옆에 작품을 자리하게 해서 그의 작품에 '활기를 불어넣었던' 패션 사진을 자기 식으로 소화했던 것으로 보인다. 이 그림에서는 패션 사진에서의 매혹적인 인물을 고뇌에 찬 폴록의 얼굴이 대신하고 있다.

## 마지막 불꽃을 태우다

1955년에 폴록은 엄청난 미녀인 루스 클리그먼Ruth Kligman을 만났다. 시 '삼나무 술집의 밤'70쪽을 볼 것에서 둘의 첫 만남을 묘사하고 있다. 이 시에서 루스는 '멍청하고 오만불손하기 짝이 없는' 익명의 여성으로, 삼나무 술집에 찾아와 이 유명한 화가를 찾아낸다. 화가 지망생이던 루스는 폴록과 사귀는 게 자기 경력에 도움이 될 거라 여겼던 듯하다. 방탕한 남자가 아내를 배신하고 예쁜 젊은 여자와 엮이는 건 흔한 이야기다. 그러나 이 시점에 리와 잭슨의 관계는 이미 한 친구가 말한 대로 "그리 아름답지 않았다."

전기 작가 데보라 솔로몬Deborah Solomon은 폴록이 프로이트가 말한 '특권을 부여받은 사람privileged person', 즉 사회적 관습을 위반하는 게 당연시되고 그게 허용되는 예외적인 존재로서의 역할을 한다고 주장한다. 그러나 이런 사람에게 주어진 특권이란 게 실제로 그렇게 대단한 걸까? 저질 언론은 온갖 현실 도피적 환상을 폴록에게 투영했다. 그런 다음 그의 쇠락을 선정적으로 보도했다. 폴록은 무절제했고 술고래였지만 친구인 청과물상인 대니얼 밀러Daniel Miller가 말했듯이 "그가 대체 뭘 어쨌다고 그러나? 오랜 세월 동안 많은 사람들이 했던 것과 똑같은 짓을 했을 뿐이다. 즉 여자와 술에 의지했다. 그런 경우는 수도 없이 많다. 흔해빠진 일이다. 즉 그의 반응은 전혀 새로울 게 없다."

이 불륜 관계는 해결할 길이 없었다. 폴록은 리와 루스 모두와 함께 살겠다는 아이디어를 냈다. 그런 게 성공할 리가 만무했다. 리는 파리로 떠나버렸고, 우울증에 빠진 폴록을 떠맡아 악전고투하는 일은 온전히 루스의 몫이 되었다.

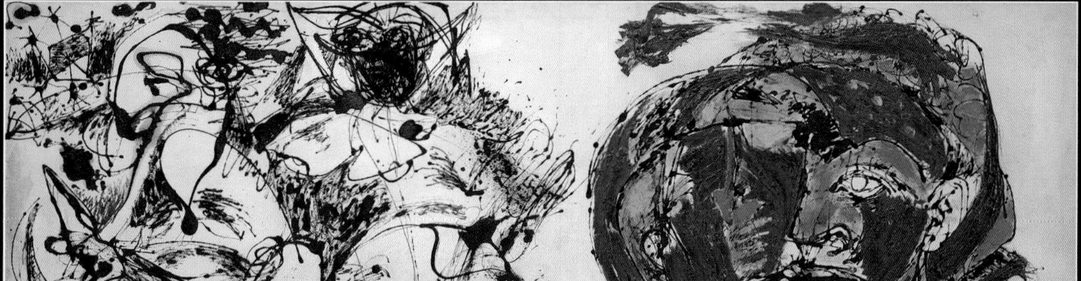

## 고도를 기다리며

인상주의 화가 에드거 드가Edgar Degas는 이렇게 말한 적이 있다. “기분 전환과 심지어 위로까지 되는 게 바로 사람과 사물의 움직임이다. 지독히 불행한 사람에게 위안이라는 게 가능하다면 말이다. 나무 잎사귀들이 움직이지 않는다면 나무는 물론 우리도 얼마나 슬프겠는가!”

폴록은 움직임이 위안을 준다는 걸 깨달았다. 스프링스 시절 초기에 유연하고 집중력이 강했던 그는 ‘그의 그림 속에 살았고’ 창작 과정은 우아한, 율동적인 연기였다. 재즈는 또 다른 낙이었다. 그래서 리는 집을 ‘며칠 동안 들썩들썩 흔들흔들하던’ 곳으로 묘사한다. 그러나 뉴 재즈가 뉴올리언스 연주 스타일 특유의 신명나는 흥취를 깨버렸다.

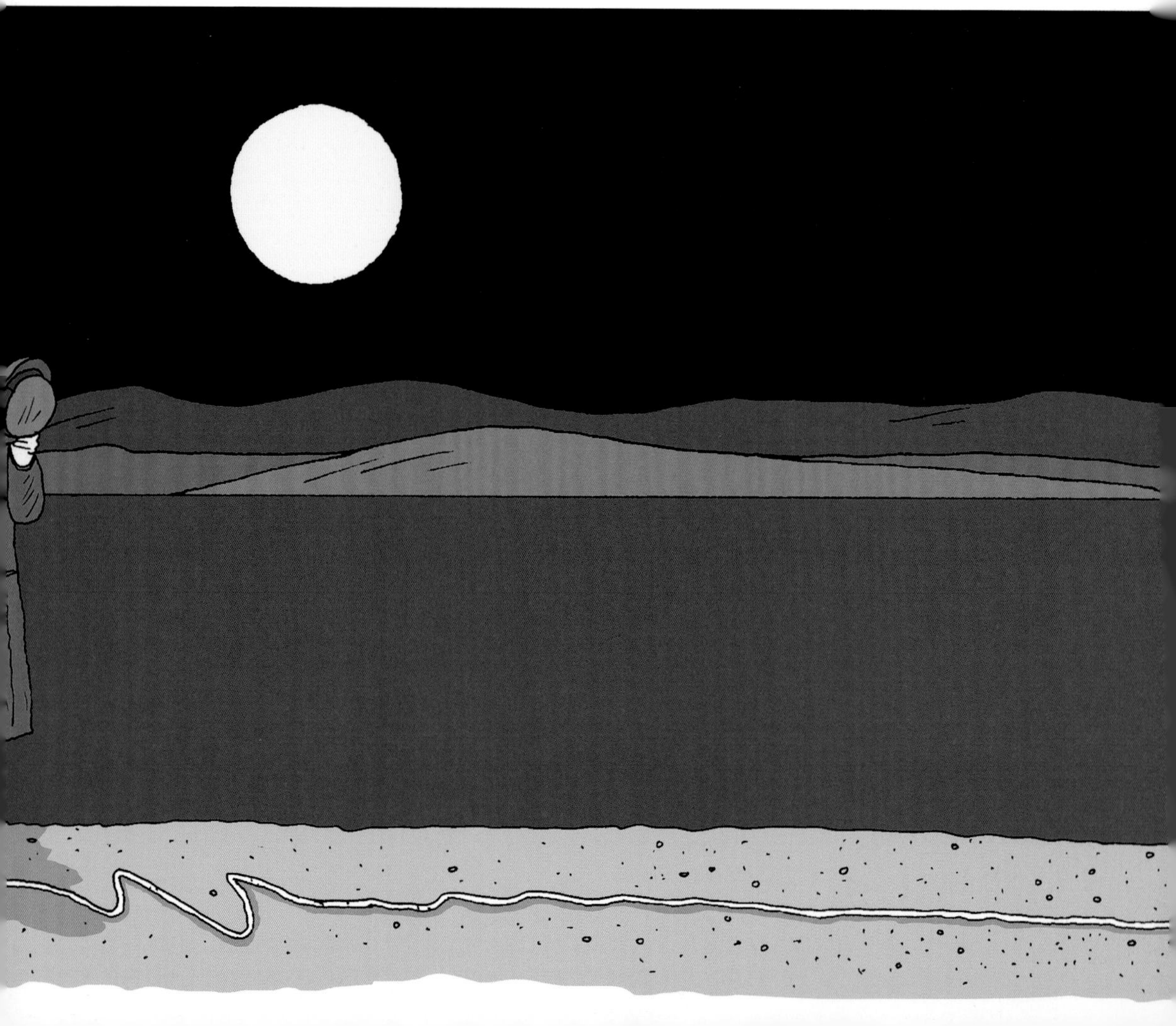

1956년 봄에 폴록은 브로드웨이에서 공연한 사뮈엘 베케트의 황량한 실존주의적 연극 〈고도를 기다리며〉를 보러 갔다. 작품의 추상적 형식에 깊은 인상을 받은 폴록은 이 작품을 '가장 중요한 연극'이라 생각했지만 정서적으로는 감당하기 힘들어 했다. 그는 세 번이나 이 작품을 보러 갔다. 루스 클리그먼은 이 연극을 마지막으로 봤을 때를 이렇게 묘사했다. "그는 울기 시작했다. 진짜로 엉엉 울었다. 그러다 울음은 흐느낌으로 바뀌었고 이윽고 애끓는 신음 소리로 변했다… 그는 눈을 꼭 감고 있었다. 넋이 나간 그는 우리가 극장에 있다는 사실조차 깨닫지 못했다."

연극은 주인공인 에스트라공의 첫 대사인 "아무것도 되는 일이 없어."가 반영하고 있는 허탈한 무기력감으로 큰 반향을 불러일으켰다. 어떤 낙도 위안도 없다. 폴록은 럭키가 긴 목줄에 매인 채로 무거운 짐을 잔뜩 들고 무대에 등장하는 시점에 정서적으로 무너졌다. 아마도 목줄이 감긴 럭키의 모습이 자신이 태어날 때 탯줄에 목이 졸렸던 일을 떠올리게 했을지도 모른다. 루스는 그를 극장 밖으로 끌고 나와야 했다.

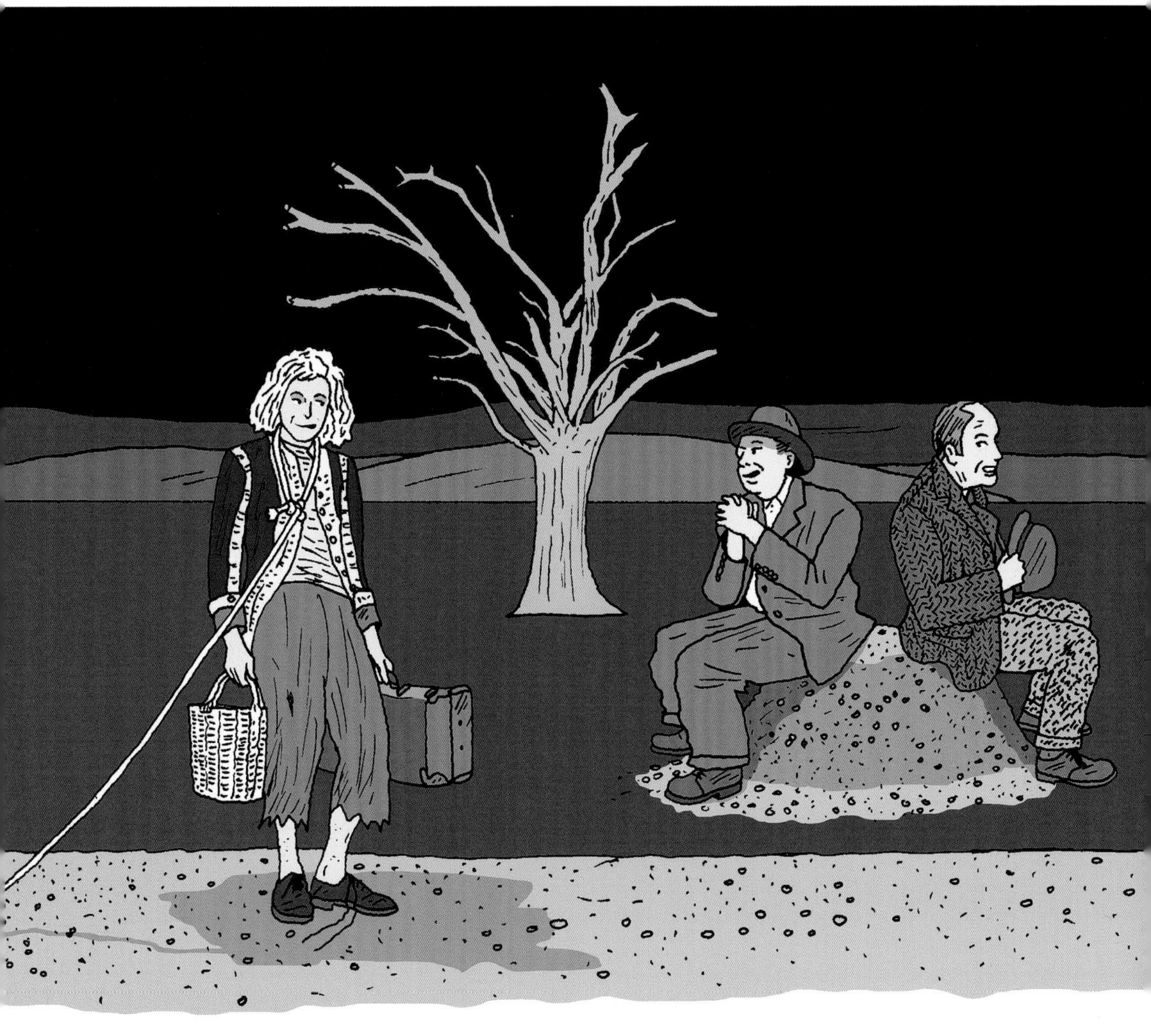

## '분노하고 분노하라, 사라지는 빛에'

1956년 8월 11일 저녁에 알폰소 오소리오의 집에서 파티가 열렸다. 폴록과 루스와 루스의 친구 이디스 메츠거Edith Metzger는 올즈모빌에 올라타고 오소리오의 집으로 향했다. 그 날 오후에 이디스는 폴록의 집 잔디밭에 있는 표석들 중 하나에 앉아 있던 루스와 폴록의 사진을 찍었다. 사진 속 폴록은 술에 잔뜩 취해 있는 것처럼 보인다.

파티에 가는 도중에 폴록은 파티에 가기엔 기분이 너무 엉망이라며 집으로 돌아가기로 했다. 초조해진 그는 차를 험하게 몰았고 두 여자는 겁에 질렸다. 이디스가 질러대는 비명에 짜증이 난 그는 액셀을 끝까지 밟았고 그러다 급커브에서 중심을 잃고 어린 느릅나무 두 그루와 충돌했다. 폴록은 즉사했다. 이디스도 사망했다. 루스는 사고에서 살아남긴 했지만 중상을 입었다.

이 이야기는 일찍이 수도 없이 회자되었다. 카우보이 신화를 완성한 마지막 재료가 된 그의 죽음은 '궁극적인 무모함의 표상'으로 여겨진다. 루스는 이를 운명으로, '낭만적으로 죽는 방법'이라 받아들였다. 다른 사람들은 이 일에 대한 언급을 극도로 피했다. 클레멘트 그린버그는 장례식에서 추도사를 해달라는 리의 부탁을 거절했다. 그는 '여자를 죽게 만든 놈'에 대해 이야기하고 싶어 하지 않았다. 추도사는 아예 없었다.

폴록은 그린리버 묘지에 묻혔다. 묘비는 15톤짜리 표석으로, 폴록의 집 뜰에 서 있는 표석들과 어울리는 것으로 골랐다. 폴록은 언제나 이 표석들을 가지고 조각품을 만들고 싶어 했다. 거대한 바위 옆에는 작은 표석이 서 있다. 리 크래스너의 묘비다.

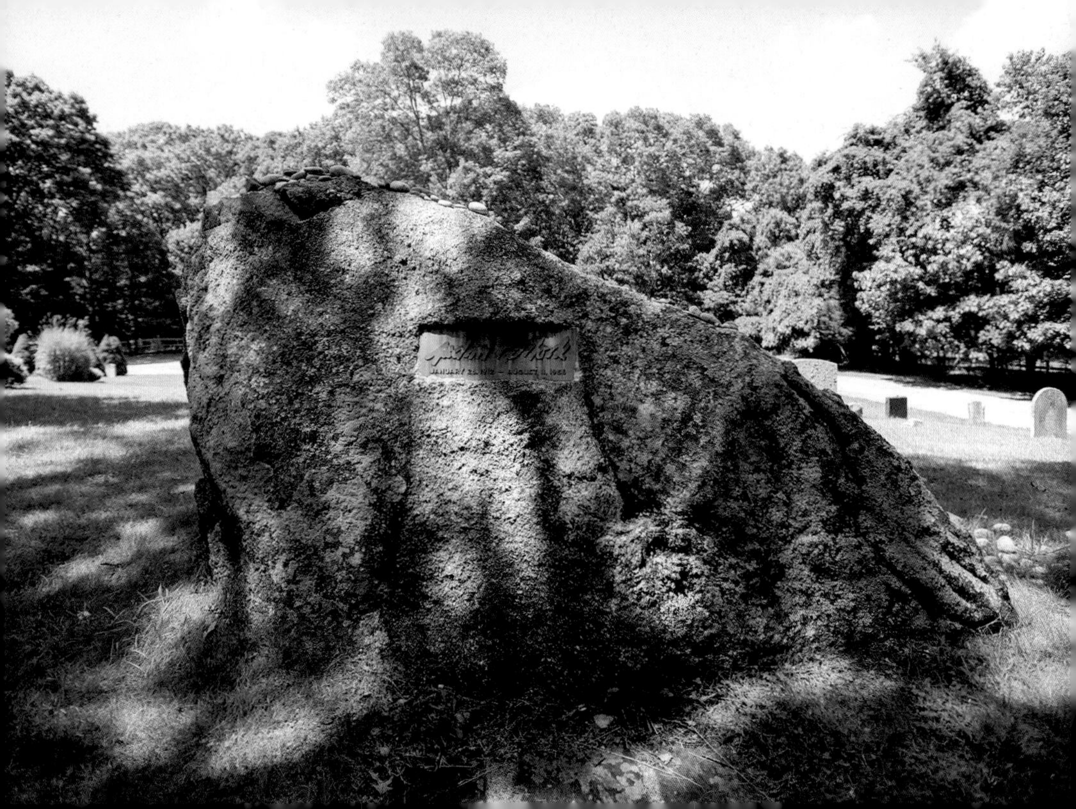

## 감사의 말

사랑하는 매튜에게 바친다.

이런 정신 나간 기획을 추진해 준 로렌스 킹Laurence King과 도널드 딘위디Donald Dinwiddie가 베풀어 준 진심 어린 도움과 이 책에 들인 모든 노고에 진심으로 감사한다. 창의적 시각을 제공해 준 앵거스 하일랜드Angus Hyland에게 말로 다 할 수 없는 고마움을 느낀다. 지원을 아끼지 않은 조 라이트풋Jo Lightfoot과 이렇게 멋진 이미지들을 제공해 준 줄리아 럭스턴Julia Ruxton과 기획 초기 단계에 엄청나게 놀라운 인내심과 낙관적인 태도를 보여준 멜리사 대니Melissa Danny에게 감사한다. 멋진 그림을 그려준 동료인 스코틀랜드인 피터 아클Scot Peter Arkle에게 큰 감사를 전한다.

오랫동안 응원해 주신 엄마와 아빠께도 고맙다는 말씀을 전하고 싶다. 이토록 즐거운 시간을 보내게 해준 룰루Lulu와 샘Sam에게도 감사한다.

캐서린 잉그램, 2013년.


## 참고 문헌


Beckett, Samuel. *Waiting for Godot*. London: Faber andFaber, 2006.

Berman, Marshall. *All that is Solid Melts into Air: The Experience of Modernity*. London: Verso, 2010.

Guilbaut, Serge. *How New York Stole the Idea of Modern art: Abstract Expressionism, Freedom, and the Cold War*. Chicago: University of Chicago Press, 1983.

Harrison, Helen, ed. *Such Desperate Joy: Imagining Jackson Pollock*. New York: Thunder's Mouth Press, 2000.

Jung, Carl G. *Man and his Symbols*. New York: Random House, 1968.

Karmel, Pepe, ed. *Jackson Pollock: Interview, Articles, and Reviews*. New York: Museum of Modern Art, 1999.

Landau, Ellen. *Jackson Pollock*. New York: Abrams, 2005.

Levin, Gail. *Lee Krasner: A Biography*. New York: Abrams, 2011.

Melville, Herman. *Moby-Dick*. New York: Penguin, 2003.

O'Hara, Frank. *Jackson Pollock*. New York: George Braziller, 1959.

Phelan, Peggy. 'Lessons in Blindness from Samuel Beckett', in *PMLA (Publications of the Modern Language Association of America)*, vol. 119, no. 5 (October 2004): 1279–88.

Polcari, Stephen. *Abstract Expressionism and the Modern Experience*. Cambridge: Cambridge University Press, 1993.

Pollock, Sylvia Winter, ed. *American Letters 1927-47: Jackson Pollock and Family*, Cambridge and Malden, MA: Polity press, 2011.

Solomon, Deborah. *Jackson Pollock: A Biography*. New York: Cooper Square Press, 2001.

Sontag, Susan. *On Photography*. New York: Penguin Classics, 2008.

Yoseloff, Tamar. *The City with Horns*. Cromer: Salt Publishing, 2011.

Toynton, Evelyn. *Jackson Pollock*. New Haven: Yale University Press, 2012.

Varnedoe, Kirk and Pepe Karmel, eds. *Jackson Pollock: New Approaches*. New York: Museum of Modern Art, 1999.

Whitman, Walt. *Leaves of Grass*. New York: Penguin, 1986.





## 글 캐서린 잉그램Catherine Ingram

캐서린은 프리랜서 미술사가이다. 글래스고 대학교(Glasgow University)에서 1등급 우등 학위(First Class Honours degree)로 졸업했으며 재학 중에는 허니맨 장학금을 받았다. 코톨드 미술 연구소(Courtauld Institute of Art)에서 19세기 미술 전공으로 석사 학위를 받은 캐서린은 옥스퍼드 대학교 트리니티 칼리지(Trinity College) 대학원 장학생이 되었다. 박사 학위를 취득한 후에는 옥스퍼드 대학교 모들린 칼리지(Magdalen College)에서 성적 우수자 장학생(Prize Fellow)이 되었다. 캐서린은 크리스티 교육원(Christie's Education)에서 석사과정을 지도했고, 임페리얼 칼리지(Imperial College)에서 강의를 맡아 학부 이과생들에게 미술사를 가르쳤다. 테이트 갤러리(Tate Gallery)에서 강좌들을 진행하기도 했고 사우스 런던 갤러리(South London Gallery)에서 개인 비서를 맡기도 했다. 가족과 함께 런던에 살고 있다.

## 일러스트레이션 피터 아클Peter Arkle

피터 아클은 책, 잡지, 광고 및 다양한 고객들을 위한 일러스트레이션을 제작한다. 이런 고객 중에는 국제 앰네스티, 뉴요커, 뉴욕 타임스, 안녹(anCnoc) 위스키, 가디언, 에스콰이어, IBM이 있다. peterarkle.com에 온라인 갤러리가 있으며 가끔 일상생활에 대한 이야기와 그림을 담은 〈피터 아클 뉴스(Peter Arkle News)〉를 발행한다. 스코틀랜드 출신이지만 뉴욕에 살면서 일하고 있다.

## 옮긴이 유지연

서강대학교 사학과를 졸업하고 동대학원에서 종교학을 전공했으며, 옮긴 책으로 《지그재그, 창의력은 어떻게 단련되는가》, 《국제정치이론과 좀비》, 《워런 버핏이 말하는 워런 버핏》, 《당신은 구글에서 일할 만큼 똑똑한가?》, 《살고 싶은 북유럽의 집》, 《유혹하는 심리학》, 《협상과 흥정의 기술》, 《150세 시대》, 《디스 이즈 워홀》 등이 있다.